人間関係のカギは、
自己肯定感にあった

「会社行きたくない」と泣いていた僕が無敵になった理由

加藤隆行
Kato Takayuki

発売 小学館　発行 小学館クリエイティブ

はじめに

「もう、会社行きたくないよ……」

「ムリだよ……、つらいよ……、苦しいよ……」


ある日の朝、ボクはベッドの中で泣きぬれていました。

いや、正確にいえば、この前に「嫁さんの話によると」というコトバがつきます。自分ではもう、当時の記憶はうっすらとしか覚えていないからです。

その日を境に、ボクは会社に行けなくなりました。ボクは20年の会社員生活の間に、計3回の休職をすることになります。


弱くてダメな自分をなんとかしたくて、書店に並ぶたくさんのビジネス書や自己啓発書を読みました。

「強いメンタルをもつ方法」「上司・部下を操る技術」「効率的な仕事術」、読んでは実践し、一時的には成果が得られても、また同じように元に戻ってしまいます。

がんばってもがんばっても状況が変わっていかない。自分のどこが悪いのか、どこがダメなのか、自らの足りない部分を探して、改善を試みる日々。

馬車馬のように自分にムチを入れ続ける、終わりのないデスレースに、息も絶え絶えでした。


そんな状態のボクでしたが、〝あること〟に気がついてから、あれよあれよという間に自分の周りの世界が変わっていきました。

苦しかった仕事が楽しくなり、ニガテだった上司やいがみ合っていた同僚との関係も良好に。部下やスタッフたちとも楽しく話ができるようになり、気がつけば職場で「無敵」になっていました。

そして、カウンセリングされる側だったのが、する側へとまわり、やがて会社を「卒業」して現在に至ります。

その、ボクの世界を変えてくれた〝あること〟こそが、「自己肯定感」だったのです。

ボクがカウンセリングで取り扱うのは、おもに「人間関係のお悩み」です。

職場での人間関係をはじめ、親のこと、夫婦のこと、子どものこと、友人のことなど、さまざまなご相談をいただきますが、ほぼすべてのお悩みは、クライアント（相談者）さんの「自己肯定感の不足」から生まれています。

カウンセリングの現場では、自己肯定感の大切さとその育み方をお伝えすることで、たくさんのクライアントさんに笑顔になっていただいています。

「不思議とうまくいくようになり、自分でも『あれれ〜？』って感じです」（30代女性）

「自分に『人のことを気にしないようにしなきゃ！』って言い聞かせなくても、自然にそれができてしまう」（20代女性）

「胸の奥にあった大きなつかえが、メキメキッと音を立てて崩壊したような感じです」（30代男性）

「かとちゃんは、何十年もの間、ワタシのココロの深いところに潜んでいた感情にも、スッとコトバで寄り添ってくれました」（40代女性）

「『ワタシが変わったら世界が変わった！　んなことあるかっ‼』って思っていたけど、ホントに変わった！」（50代女性）

「あれだけ苦しかった会社が楽しく感じられるようになったのには驚きました」（40代男性）

これらのクライアントさんの声からも伝わると思いますが、自己肯定感を育めば、目の前の世界はガラッと音を立てて変わっていきます。そのノウハウをまとめたのが、この本です。

ボクは今、心理カウンセラーをしていますが、つい数年前まで会社で四苦八苦して働いていた、フツーの元サラリーマンです。だからこそ、この本には心理学の難しいことは書かれていません。だれでも理解し実践していただける内容を厳選して盛り込みました。

ボクとクライアントさんたちとの「人体実験」の発表の場でもあります。

ぜひ楽しく読んでいただき、仕事や人生を「無敵」にする「自己肯定感」を育んでいただけたら、うれしいです。

令和元年7月

心理カウンセラー　加藤隆行（かとちゃん）

目次

第3章
「思い込み」は大いなるカンチガイ

第4章 肯定でつながった「協力の世界」へ

第5章 「敵認定」している人との付き合い方

序章

人間関係が苦しいのは
なぜだろう

職場の悩みのほとんどは人間関係？

この本を手にとった人は、多かれ少なかれ職場でのストレスがあって、「会社に行きたくない」という気持ちを抱えているのだと思います。

そんなアナタは今、こんなことでお悩みではありませんか？

・上司からの依頼を断れず、仕事が山積みで忙殺されている。そのため残業、休日出勤、さらに家にまで仕事を持ち込み、プライベートの時間がもてない。
・高圧的な上司にいつも従ってしまう自分が情けない、意見の合わない同僚としょっちゅう衝突するなど、職場でうまく立ち回ることができない。
・部下が自ら動かず、いつも指示待ちで手間ばかり増えていく。スタッフたちにイライラして、強く叱ってしまい、自己嫌悪に陥る。
・同僚や職場の仲間の成功を気持ちよく祝ってあげたいのに、激しい嫉妬や劣等感を覚えてしまう。
・他人の評価が気になって、ほんとうの自分を出すことができない。「オレはダメなやつだ」と、いつも自分を責めてしまう。

これらはすべて、以前のボク自身が抱えていた悩みです。たぶん書き出せば、もっとウンザリするほどあると思います。

自分では一生懸命やっているのに、上司には「わかってもらえない……」、部下とは「言ったとおりにやれよ！」と争うことばかり。

できない自分にイラつきながら、いつも不安や焦り、不満や怒りでストレスいっぱい。味方といえる人はほとんどおらず、気がつけば、周りはボクを脅かす「敵」ばかりのように感じられ、つねにひとりで戦っていました。

毎日「会社に行きたくない」という気持ちにフタをして働き続け、日曜には明日のことを考え憂鬱になる。まさに「サザエさん症候群」を地で行く人でした。

人気の大企業に意気揚々と入社し、仕事もそこそこ好きなはずなのに、ボクはなぜ、こんなことになってしまったのでしょう。

ところで、厚生労働省にこんなデータがあります。

〈会社員が抱える職場のストレス　ワースト5〉

1位　人間関係　37・7%
2位　仕事の質・量　20・8%
3位　事故や災害の体験　12・0%
4位　役割・地位の変化等　8・2%
5位　仕事の失敗、過重な責任の発生等　8・1%
（厚生労働省『平成30年版 過労死等防止対策白書』をもとに筆者作成）

職場でのストレスの原因は、「人間関係」が圧倒的トップになっています。

また2位の「仕事の質・量」も、ブラック企業でもない限りは、適切に上司や同僚と話し合うことで軽減できるかもしれません。

4位「役割・地位の変化等」、5位「仕事の失敗、過重な責任の発生等」というのも、職場の人たちとしっかりと信頼関係を結ぶことや、頼り合い、許し合う関係性を構築することができていれば、ストレスは軽減されるものではないでしょうか。

このように見てみると、**職場のストレスや悩みは、ほとんどが「人間関係」の問題なのだ、**ということがわかってきます。

コミュ力《りょく》が高いヤツらとの違いはなんだ?

「仕事とは、つらいものだ」「会社とは、しんどいところだ」と思っていませんか? だから、「ガマンしてがんばるのは、アタリマエだ」、ボクはずっと、そう思って生きてきました。

仕事へのやりがいや楽しさもあるけれど、同時に苦しさもたくさんある。それがアタリマエだとは思いながらも、「こんなに人間関係がつらく苦しく、うまくいかないことばかりなのは、なにかがおかしい」と思い始めたのは、入社してかなり経過した11年目、2度目の休職をしたときです。

「おかしい」と感じてからボクは、コミュ力(コミュニケーション能力)が高く、軽やかに仕事をしている同僚や上司をつかまえては、そのヒントがないかを少しずつ事情聴取し始めました。

しかし彼らからは、「マジメすぎなんだよ」「もっと気楽にやればいいいんじゃない?」といった、曖昧なコトバしか返ってきません。

あまりにもテキトーな答えしかもらえないため、「みんなほんとうは、なにかスゴイ成功法則を知っているのに、隠して教えてくれないのではないだろうか？」と疑っていたくらいです。

しかし、たくさんの人に聞いてみて、共通していることがひとつだけありました。

それは、言っていることは違えど、話を聞いた人たち全員が、「ワタシがこう考えているのだから、それでいい」と思っていたのです。

つまり、**「自分自身にＯＫが出せている」**ということでした。

あるオジサンが教えてくれた自信の秘訣

ある時期ボクは、石田さん（仮名）という、50代前半のオジサンのもとで仕事をしていました。

石田さんは、行動力があるし結果も出す。お客様からの信頼も厚く、みんなにも慕われている。でも業務スキルは全然なくて、いうならば、人としての器が大きい〝親分〟といった感じの人です。

ある日、一緒に食事しているときに、

「どうやったら人とうまく付き合えるんですか？」

「なんで石田さんはそんなに自信があるんですか？」

「なにか秘密の成功法則を知っているんじゃないですか？」

と、矢継ぎ早に聞いてみたことがあります。


「そんなこと考えたこともないわ。じゃあ、なんで加藤は自信がないんだ？」

「経験もないし、人望もない、スキルもまだまだだし、ボクには知ってのとおり健康もないんですよね……」

「あはは、ワシにもスキルは全然ない、勉強できんかったから学歴もないぞ。それにワシは髪の毛もない（笑）。オマエのほうがめっちゃあるじゃないか。しかも、ワシは狭心症のクスリを持ち歩いてる病気もちや」

石田さんは笑いながら、首から下げたニトログリセリンの入ったロケットペンダントを見せてくれました。

「じゃあ、病気で苦労してきたから自信がついたんですね」

ボクがこう言ったところ、次のように返されます。

「オマエ、小さいころからずっと病気で苦労してきたんだろ。だったら、ワシよりもオマエのほうが自信をもってええくらいじゃ。**あるとか、ないとか関係ないぞ。なんでもいいから自信をもてよ**」

人間関係のカギは、自己肯定感にあった

当時はなんだか煙《けむ》に巻かれたような気がして、結局答えはわからずじまいでした。でも今思えば、ここに大きなヒントがありました。

あれから心理カウンセラーとなり、たくさんのクライアントさんたちと接してきた今ならば、石田さんや彼らが言いたかったことがよくわかります。ただ、彼らはそれを自然と身につけていたため、明確には表現できなかっただけです。

しかし、物心ついたときから人と接するのがニガテで、七転八倒しながら人間関係と向き合ってきたボクならば、それをコトバにすることができます。

彼らは**「根拠なく自信をもち、自らを肯定すること」**ができていました。つまり、**「自分自身との人間関係」が良好だったのです。**

人間関係の悩みは、自己肯定感で解決できる

そしてこれこそが、本書のサブタイトルにもある**「自己肯定感」**でした。

自己肯定感を育めば、かならず職場の人間関係はよくなっていきます。

でもそう聞くと、「相手がいる話なのに、自分だけが変わっても意味がないでしょ?」と感じる人もいるでしょう。「オレ、自己肯定感低くないし」と思った人もいるかもしれません。

過去のボクも、まさにそう思っていました。だから、そんな人にこそ伝えたいことがあります。

この本では、なにをやっても職場の人間関係がうまくいかなかったボクが試行錯誤のすえにたどり着いた**「自己肯定感が高い人の人間関係がうまくいく理由」**と、だれにでもできる**「自己肯定感の育み方」**について、お話ししていきます。

第1章

自己肯定感が人生を決める

01 そもそも自己肯定感ってなに？

では、人間関係がしんどいと悩むアナタに、自己肯定感とはなにか、なぜ自己肯定感が大切なのか、について説明していきます。

自分にＯＫ出せますか？

自己肯定感とは、その名のとおり、**「自分（自己）を肯定する感覚」**のことです。**「今の自分でよい」「ありのままの自分でＯＫ」**と感じられる状態のことをいいます。

この時点ですでに、「今の自分でよいはずがない」と感じた人もいるのではないでしょうか。

ボクはカウンセリングを通してたくさんの人たちと接してきましたが、自己肯定感が高い人、低い人を簡単に表すと、こんな感じです。

〈自己肯定感が高い人〉
自分が好き、**楽観的**、失敗を恐れない、
自分を大切にできる、人と比較しない、
素直、よく笑う、自信がある

〈自己肯定感が低い人〉
自分が好きではない、**悲観的・反抗的**、あきらめやすい、
自己犠牲をしがち、人と衝突する、人と比較する、人目が気になる、
素直ではない、劣等感・罪悪感が強い、自信がない

自己肯定感が高まれば、物事を「まあ、大丈夫だろう」と楽観的に捉えることができ、失敗を恐れずチャレンジできるようになります。失敗してもいちいち人と比較せず、「また、がんばればいいいか」と、失敗を自分の糧として成長していくことができ、結果として成功しやすくなります。

また、人の言うことを素直に取り入れることができるので、人にもかわいがられ、物事がスムーズに進むようになります。

一方、自己肯定感が低い人の傾向をみれば、なにをやってもなかなかうまくいかないだろう、ということは、容易に想像できるでしょう。

大げさではなく、「自己肯定感が人生を決める」とさえいえます。

ここで、「ワタシは自己肯定感が低そうだ」と嘆いた人も安心してください。

自己肯定感はだれの中にも最初からあります。またどんな人でも、時と場合により自己肯定感が高くなったり低くなったりするものです。

だから、その仕組みや扱い方、育み方をこれから知り、実践していくことができれば大丈夫。自己肯定感を感じられるようになると、不安や怒りは減り、人生は安定し、豊かさや幸せを感じられるようになっていきます。

自己肯定感の仲間たち

「自己肯定感」というコトバを、普段の生活で使うことはあまりないと思います。この本で初めて見た、聞いたという人もいるかもしれません。

自己肯定感には次のような仲間がいます。どれも心理学の世界ではよく使われるコトバです。


〈自己肯定感とその仲間たち〉

自己肯定感	自己受容感	自己信頼感
自己重要感	自己価値感	自尊心
自己効力感	自己有用感	自信

右の列の「自己受容感」とは自分自身を受け入れることができている感覚で、「自己信頼感」は自分を信じられる感覚です。

真ん中の列は、自分は重要で価値がある尊い存在という感覚で、左側の列は、自分には力や能力があるといった感覚。なかでも「自尊心」や「自信」は、普段からよく使われるコトバです。

右列から左列にかけて「ありのままの自分でいい」⇒「自信に満ちあふれている」と広がっていくイメージで、全部ひっくるめて**「自分OK！」**という感覚です。

これらは別々のコトバではなく、すべてがグラデーションのようにつながっていると考えてください。

「プライドが高い人」は自己肯定感が低い人

ところで、「自尊心」と「プライド」というコトバは、日本語では同じようなものだと考えがちですが、じつは真逆のコトバです。

「自己肯定感」や「自尊心」は、英語で「self-esteem」といいます。

「プライド（pride）」の本来の意味は、「傲慢さ」です。

自尊心は欠点をも引っくるめて、自分自身を尊い存在だと認められる心です。一方、プライドは、「自信の欠如=劣等感」による他者との比較によって、自分を上だと認識することで保たれるものです。

そのため、「自尊心が高い」というコトバにはよい響きがあっても、「プライドが高い」というコトバにはよいイメージがありません。

つまり、プライドが高い人は自己肯定感（自尊心）が低い人だ、ともいえます。

「無条件の肯定」と「条件による肯定」

人が自分を「肯定」する方法には、大きく分けて2種類あります。

「①無条件の肯定」、「②条件による肯定」です。

フツー、人はさまざまな「条件」で自分を肯定しています。仕事ができる、能力がある、お金をもっている、信用や経験がある、などです。

これ自体はだれもがやっている当然のことなのですが、じつはこの「②条件による肯定」は、「①無条件の肯定」の上に成り立っています。

いわば「①無条件の肯定」は、「ココロの土台」なのです。

「ありのままの自分でよい」「できない自分であっても価値がある」など、自分をそのまま肯定できているときは、ココロの土台は正常な状態に保たれます。

しかし、ココロの土台が傾いてしまっていると、その上に自分を肯定するための「条件」をたくさんのせてみても、積み上げるたびにガラガラと崩れ落ちていってしまいます。

また、かりに積み上げられたとしても、いつ崩れてもおかしくない、不安定で危ういものと感じられるでしょう。

よく、能力もあり、お金も十分稼いでいるのに、「まだまだ、もっともっと」と求め続ける人がいます。また、会社で高い地位にいるのに威張り散らしていて、「この人、器が小さいなぁ」と感じる人もいます。彼らは、このココロの土台がかなり傾いています。

条件を積み上げることは、それはそれで大切なのですが、まずは、自分のココロの土台が傾いていないかを検証するほうが、なによりも先です。そうでないと、賽《さい》の河原《かわら》で石を積み上げるようなもので、どこまでいっても自分が満たされることのない、地獄のデスレースにハマっていってしまいます。

ところが、世の中のほとんどの人たちは、この「ココロの土台」があるということ自体に気がついておらず、条件を積み上げることに躍起になっています。

〝肯定〟は〝否定〟によって崩れていく

自己肯定感はもともと、だれもがもっているものです。「ありのままの自分でよい」わけですから、アタリマエといえばアタリマエです。

赤ちゃんとして生まれたときから、「ボク、自己肯定感が低いんです……」「だから、お

自己肯定感は「ココロの土台」になっている

母さんのおっぱいを飲む価値なんてないんです……」なんていう子はいません。

では、もともとあったはずの「自己〝肯定〟感」は、なぜなくなったのでしょうか。

それは、**「自己〝肯定〟」とは正反対の「自己〝否定〟」が、アナタのココロの中で暴れているからです。**

「自分はダメだ」「ワタシは劣っている」と自分で自分を否定することで、本来整っていたはずの「ココロの土台」を、自らガンガンたたいて崩してしまっているのです。

02 自己否定をすると「敵」が増えていく

がんばることも自己否定!?

ここまで読んで、「え？　オレ、自分のことなんて否定してないわ」と感じた人もいると思います。

でもそんな人も、たぶん「自己肯定感」というコトバが気になって、本書を手にとったのですよね。その時点で、素質十分です。

自己否定は、なにも「自分はダメで最低なヤツだ……」といった、わかりやすいものばかりではありません。

人と比較して嫉妬や劣等感を覚えてしまうことや、そんな自分をなんとかせねばと、「もっともっと」とがんばったりムリをしすぎたりしてしまうことも、今の自分への否定です。

世間や人の目を気にして、自分の考えや思いを抑え込んでしまうことなども、自己否定につながります。

小さなところでは、「いえいえ、ワタシなんて」と謙遜してしまうことも、自己否定になっていることがあります。

そのほか、自分自身をへこませる考え方や行動、つまりココロの土台を自ら崩してしまうようなことは、すべて自己否定だと考えてください。

自己否定の2つのタイプ

「ワタシはダメなヤツだ」と、自分を否定ばかりしているとどうなっていくでしょうか。

まず、自分のメンタルがズルズルと落ち込んでいきます。

そして、物事をよい方向に捉えられなくなり、世界を悲観的な目で見始めます。

そのうち頭の中では、つねに自分を否定するコトバがグルグルと繰り返されている状態になります。「オレは仕事ができない」「自分はみんなから嫌われている」といったココロの声が自分を責め続け、それがそのまま、現実を見る目に反映されていきます。

そうすると、徐々に周囲の人からも同じように否定・批判されたり、責められたりしているような気持ちになっていきます。

いつも自分は責められる「被害者」で、他人や社会は自分を脅かす「敵」という意識へと変わっていくのです。

こうなると、人は2種類の行動をとるようになります。

自己否定ばかりをしていると、人はこうなる

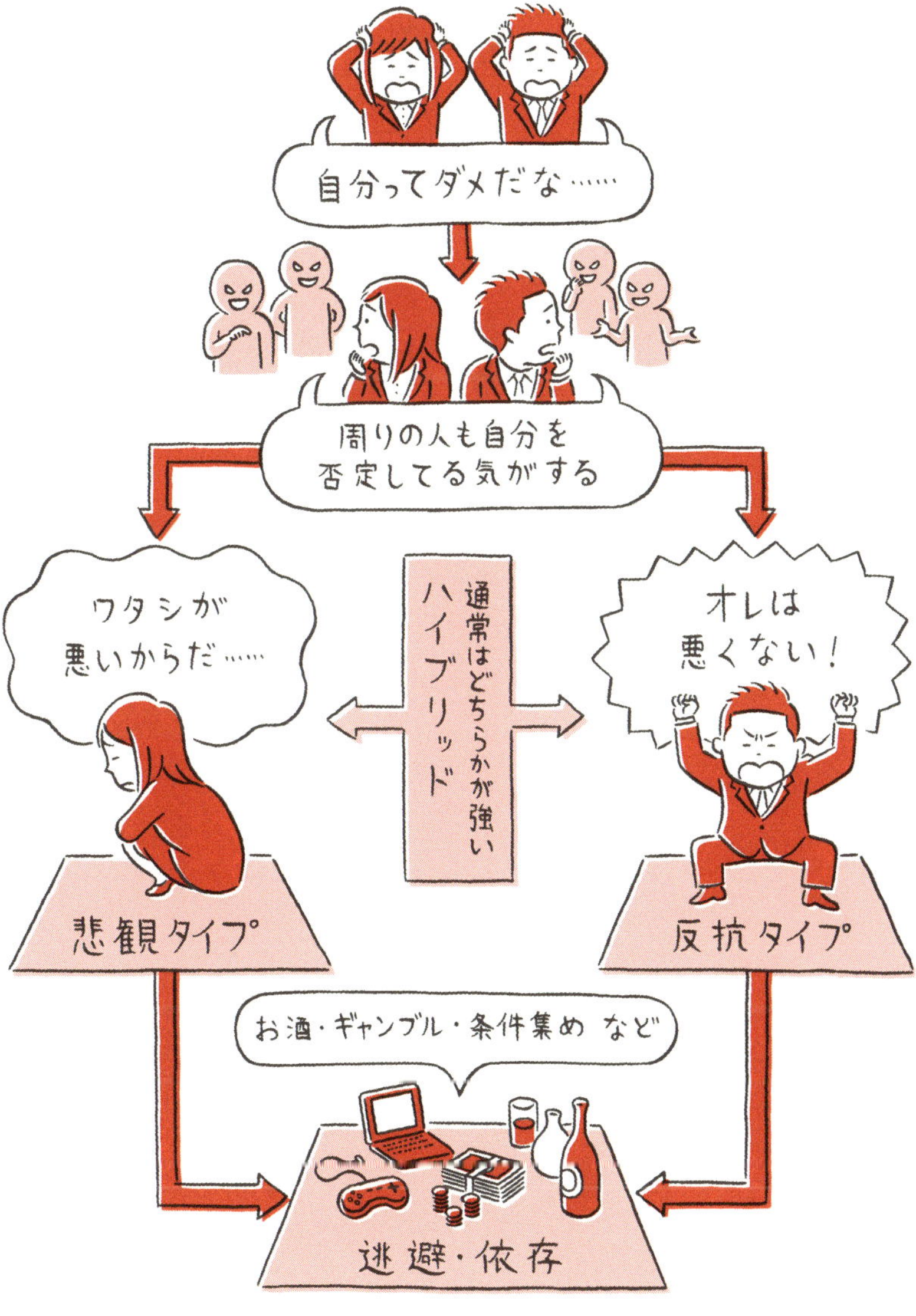

ある人は「もうこれ以上、自分のことを否定するな！」「オレはダメじゃない！　悪くない！」と、他人に【反抗】し、怒りで訴えるようになります。

これは、人から攻撃されたときに自分を守るための防衛行動として当然なのですが、**じつはだれもアナタを否定しておらず、ほんとうは、自分が自分を否定しているだけです。**

ですから他人からは、なぜ、その人が怒ったり機嫌が悪かったりするのかがわかりません。周囲からしたら、いい迷惑です。

本書では、これを**【反抗タイプ】**とよびます。

一方、自己否定を続けることで「ワタシはなにもできないヤツだ……」と自分自身に絶望し、あらゆることを【悲観】的に捉えるようになっていく人もいます。

さらに「ワタシには価値がない」と考え始め、自分が存在していること自体に罪悪感を覚えるようになります。

本書では、これを**【悲観タイプ】**とよびます。

自己否定を続けていると、この【反抗】【悲観】以外の行動を選ぶことが難しくなっていきます。これでは、人間関係がうまくいかないことは、容易に想像できますね。

さらに、この自己否定を幼い子どものころからずーっと続けているとしたらどうでしょう。それがしっかりと「ココロのクセ」になってしまっていると思いませんか？

クセだから本人は気づきにくいし、やめられない。もしかするとアナタは、そんな状態に陥っているのかもしれません。

時に人は、【反抗】し【悲観】した状態を「性格」とよぶかもしれません。しかしこれは、**ただの「ココロの〝否定〟グセ」なのです。**

【反抗】する人と【悲観】する人

ここで、【反抗タイプ】と【悲観タイプ】の特徴について、少し詳しく見ていきます。

【反抗タイプ】の人は、自分が自分を否定しているだけなのに、「他者からの肯定（承認・信頼・愛情など）」がもらえないと思っています。そのため怒りや権威を使い、人から奪ってでも肯定を手に入れようとしてしまいます。その結果、より人から避けられるようになり、さらに奪わなければ満たされない、という悪循環にハマっていきます。

自分をそんな小さな人間だと認めたくないため、自分自身にも【反抗】し、自分を大きく見せようともします。

そうやって、「やっぱりオレはわかってもらえない」「人は信用できない」といった思い込みを強化し続けていきます。

【悲観タイプ】の人は、こんなワタシでは「他者からの肯定（承認・信頼・愛情など）」なんてもらえないとあきらめていて、そもそも、肯定自体の受け取りを拒否します。

ネガティブなことばかり口にするため、人が離れていきます。その離れていく姿を見ては「やっぱりワタシは嫌われている」と、より【悲観】的な思い込みを強めていきます。

いつもワタシが悪いと思っているため、人間関係において自己犠牲をすることで、自分の価値を見いだそうとしています。

病気や劣っている部分を使って「ワタシは弱い人、かわいそうな人」をアピールし、哀れみで人から同情という「肯定」をもらおうとします（ちなみに後述しますが、同情は肯定ではありません）。

40～41ページに【反抗タイプ】【悲観タイプ】のチェックリストがあります。アナタはどちらのタイプに陥りやすいか、チェックしてみてください。

ほんとうは肯定したいから葛藤する

自己肯定感の低い人は、だれもが【反抗タイプ】と【悲観タイプ】の両方の性質をもった【ハイブリッドタイプ】となります。チェックリストでも、当てはまる項目が両方にあるかもしれません。ただし通常は、どちらかが強く表に出ています。

その出方や見た目の性格が正反対に見えるため、この2つはまったく違う人格のように思われがちですが、結局はどちらも同じ穴のムジナなのです。つまり、自己肯定感の危うさを、外からの肯定や承認で補おうと他者に依存している「認めてちゃん」「わかってちゃん」であり、いつも自己否定をしている人だ、ということです。

とはいえ、自己否定をしている人が、いつも【悲観】や【反抗】ばかりしているイヤな人というわけではありません。**「自分は、ほんとうは優しく親切で、いい人でいたい」「自分を肯定し、相手も肯定したい」という思いも、かならず同時に存在します。**

そのため、「こんな【悲観】や【反抗】をしている自分ではダメだ」と、さらに自分を否定する悪循環から抜け出せなくなっています。ココロの中の葛藤や自己矛盾が激しく、

【反抗タイプ】のチェックリスト

- □ ささいなことで、よく怒りを爆発させてしまう
- □ 基本、他人は信じられないと思う
- □ プライドが高く、メンツを重視する
- □ 自分を大きく見せようとして、威張ったり、ウソをついたりしてしまうことがある
- □ 義理や義務、約束を重要視し、人にも強要しがち
- □ 人に「〜してやったのに」と感じることが多い
- □ 自分が人から注目を浴びたり、話題の中心にいたりしないと、満足できない
- □ 人との関係を上下、勝ち負けではかってしまう
- □ 正義感が強く、正しさを主張して人と衝突する
- □ 「自分は人よりスゴイ、エライ」と思っている
- □ イエスマン（肯定してくれる人）を好む傾向がある
- □ 面倒見はいいが、逆らう人や離れていく人には、手のひらを返したかのように冷徹な態度をとってしまうことがある

まとめると、**「人のせいにする人」**です。自分が満たされないのは相手や環境のせいだと思い、その原因を自分の「外」に探しています。「アイツさえいなくなれば」「会社が悪い」などと考え、いつもココロの中でだれかやなにかと戦っています。

【悲観タイプ】のチェックリスト

- □ いつも他人の目を気にしている
- □ 人から嫌われることが、ものすごく怖い
- □ 周囲から褒めたり認められたりしても、「いいえ、ワタシなんて」「そんなことないです」と言ってしまう
- □ ささいなことで「ごめんなさい、ごめんなさい」と、必要以上に謝ってしまう
- □ 人に「〜された」と感じることが多い
- □ ネガティブなコトバばかりをつぶやいてしまう
- □ 自分のことよりも、人のことを優先してしまう
- □ 断れない、頼れない、言いたいことが言えない
- □ 「ワタシは人より弱い、劣っている」と思っている
- □ いつもだれかが手助けしてくれることを期待している
- □ 自分の好きなことがわからない
- □ 漠然と「ワタシなんて、いないほうがいい」と思っている

まとめると、**「自分のせいにする人」**です。いつもひどい目にあうのは自分のせいだと思い、その原因を自分の「内」に探しています。「ワタシが悪いからだ」「どこを直したらいいの？」などと考え、罪悪感でいつも自分を責めています。

とても忙しいです。「ハイブリッド車」は燃費がいいものですが、【反抗】【悲観】の人は白分のエネルギーの大半を無意識に自己否定と葛藤に費やしており、とてつもなく燃費が悪くなります。

そのため慢性的に疲労していて、朝に起きられない人も多くいます。かつてのボクがまさにそうでした。

さて、ちょっと大げさに書いてきましたが、これらの特徴が少しでも当てはまれば、「自分は自己肯定感が低くなっているのかも?」と思ってください。

かりに今はセーフだったとしても、自己否定をし続けることで、だれもがこの状態に陥る危険性があります。

また、ここまで読んでみて、自分はどうあれ、職場や私生活の中の〝だれか〟を思い浮かべた人も多いのではないでしょうか。

この2つのタイプの特徴と性質を、自己肯定感が低くなった人間の行動原理として知っておけば、対人トラブルを回避し、よりよい人間関係を構築していくことができるようになります。

【反抗】と【悲観】は引き寄せ合う

【反抗タイプ】は、「オレを認めろ」と強要し、他者を支配しようとします。【悲観タイプ】は「ワタシはダメだ」「嫌われたくない」と思い、他者に服従しようとします。

そのため【反抗タイプ】が上に立ち、【悲観タイプ】は自ら下に入ることで、タテの関係でつながってしまいます。需要と供給が一致してしまうのです。

双方が無意識のうちに自分の「敵」を引き寄せてしまい、お互いがお互いに依存した関係になるのですが、これを「共依存関係」といいます。

会社でのパワハラ（パワーハラスメント）、家庭でのＤＶ（ドメスティック・バイオレンス）や、人との日常的なネガティブなつながりのほとんどは、この構造で出来上がっています。

とくに会社というタテ社会においては、「役職」という便宜上の「上下」が存在するため、この状況がより起こりやすくなります。しかし実際は、役職の上下と、人としての上下は関係ないはずです。支配する側もされる側も自己否定が強く、ココロの土台が傾いてしまっているだけです。

【反抗タイプ】も【悲観タイプ】も、結局は自己否定をしているので、表裏一体です。また、相手との関係性でその役割や立ち位置も変わってきます。

会社では【悲観タイプ】としてパワハラ上司に支配されている男性が、家では妻や子どもたちを【反抗タイプ】として支配している、というのは、カウンセリングでもよく扱う事例です。

自分を肯定でき、自分を価値がある大切な人だと思えるようになれば、パワハラやDVを「やめてください！」とはねのけたり、ブラック企業からもとっとと逃げ出したりできるようになっていきます。

「自分も他人もＯＫ」が唯一の道

ここまで書いてみて、人が自己否定により陥っていく状況に、ボク自身も愕然《がくぜん》としています（笑）。しかしこれは、だれにでも大なり小なりあることで、その度合いは「ココロの土台の傾き＝自己否定の強さ」と連動しています。

自分と他人を肯定することについて、マトリックス表を左ページにまとめました。

その自分（他人）OK、ニセモノかも？

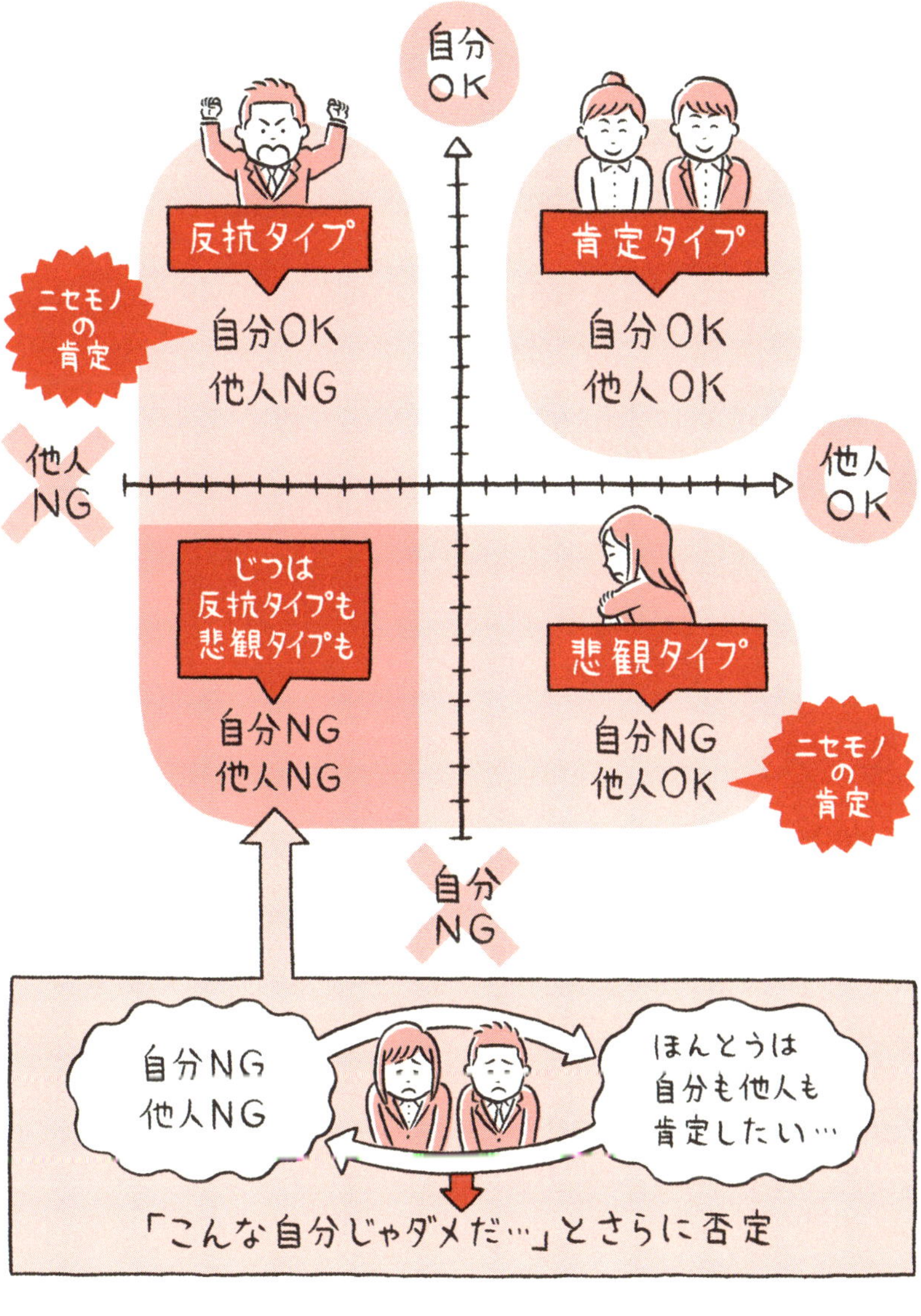

【反抗タイプ】において、その「自分OK」はじつはニセモノの肯定です。

自分を大きく見せたり強がったりすることで、条件による一時的な肯定でプライドを保っているだけで、ココロの根っこでは激しい自己否定が渦巻いています。

【悲観タイプ】の人は、「他人OK」を装っていますが、これは他人を上にすることで、「あの人はできているけど」「ワタシはダメだ」と自分を下にし、自分NGを証明しようとしているだけです。

【反抗タイプ】も【悲観タイプ】も、戦闘状態や服従状態にいることで、いつも自分自身を脅かす「敵」が周りにいることになります。さらに、自己否定をしていることから、自分さえもが「敵」になってしまっています。

そのため職場は、安心安全な楽しい場所にはなりえず、いつしか「会社に行きたくない……」という状態に陥ってしまうのです。

つまり、**結局は自分自身との人間関係を良好にし、自分にOKを出しながら、その先に他人にもOKを出していく【肯定タイプ】になることだけが、健全なメンタルを手に入れ、安心安全な職場環境を手に入れる方法です。**

これが、人間関係がしんどいと悩むアナタが会社に行きたくなる、唯一でほんとうの方法なのです。

03

否定も肯定も「思い込み」にすぎない

「どうせ、ワタシは◯◯な人」

ここでひとつ、アナタに質問です。

「どうせ、ワタシは◯◯な人」といったら、◯◯にはなにが入りますか？

ぜひノートに書き出してみてください。

〈例〉

ダメな人、できない人、つまらない人、魅力がない人、能力がない人、かわいくない人、バカにされる人、わかってもらえない人、助けてもらえない人、守ってもらえない人、見捨てられる人、役に立たない人、学歴のない人、うまくいかない人、喜んでもらえない人、大切に扱ってもらえない人、信じてもらえない人、仲間はずれにされる人、嫌われる人、人付き合いが下手な人、笑ってもらえない人、愛されていない人

ネガティブなものばかり挙げてみましたが、もちろん「明るい人」「器用な人」など、ポジティブなコトバが入っても構いません。

さて、ここで出てきたコトバが、アナタの「セルフイメージ（自己認識）」とよばれるものです。自分のことを自分がどう思っているか、ということですね。

「どうせ」というコトバの後ろには、たいていネガティブなコトバが入ります。つまり、この○○に入るコトバたちが、アナタの「自己否定」です。

「どうせ」は「やっぱり」を連れてくる

自分のことを「どうせ○○」と思っていると、「やっぱり○○」という現実が訪れます。

上司が部下にハッパをかけるため、なにげない気持ちで「みんな、ちゃんと仕事しろよー」と言ったとします。

「どうせ、自分はダメでできない人」だと自己否定をしている【悲観タイプ】の人がこのコトバを聞くと、「自分ができないせいで、やっぱり怒られた（泣）」と捉えます。

「どうせ、わかってもらえない人」だと自己否定をしている【反抗タイプ】の人は、「ワタシ、ちゃんとやってます！（怒）」「こんなにがんばっているのに、やっぱり、わかってくれない！（怒）」と捉えるかもしれません。勝手に傷ついたり、イチャモンつけたりと、上司からしたら、どちらも勘弁してくれって話です（笑）。

一方、「自分は好かれている人」「自分は信頼されている人」と自己肯定をしている人が同じ状況にあうと、「声をかけてもらえるなんて、やっぱり自分は期待してもらっている」

と捉え、「がんばります！」と答えるかもしれません。上司もそう言われたら「お、コイツやる気があるな」と、いい印象をもつでしょう。

これ、3人にとって現実はなにひとつ違いがありません。

上司は同じ状況で同じコトバを発しているにもかかわらず、自分が自分にどんな「思い込み」をもっているかが、現実に反映されてしまうのです。

ここで注目してほしいのは、**「自分は好かれている」と自己肯定をしている人でさえも、それがただの「思い込み」にすぎない、ということです。**

どうせなら、自分に都合のいい「思い込み」をしてみませんか？

現実より「思い込み」が先にある

「のうかん もうようたい ふかつけい」というコトバを覚えておいてください。

漢字で「脳幹網様体賦活系」と書く、この小難しいコトバは、簡単にいえば脳内にある「情報選別フィルター」です。

アナタの「思い込み」が現実に反映されている

全身の五感（触覚、味覚、嗅覚、聴覚、視覚）から神経を通って集められる情報は膨大な量になるので、そのままの状態で脳に渡してしまっては、脳が処理しきれずパンクしてしまいます。

そのため、この「脳幹網様体賦活系」が、自分にとって必要な情報だけをピックアップして、脳に取り込む働きをしています。

今この本を読んでいるとき、椅子に座っているお尻の感覚や、外からかすかに聞こえてくる車の音などは、ほとんど必要のない情報のため、フィルタリングされ、弱められています。

一方、自分に必要な情報は、どんどん脳に回されます。

そのとき、脳幹網様体賦活系が情報をフィルタリングするための条件がこれです。

①生命の維持に必要なこと
②興味・関心があること

①は「痛い！」「熱い！」「大きな音がした！」など、なによりも優先されるべき重要な情報です。

②は、「あの車、欲しいなぁ」と思ってると、その車種ばかりが街中で目につくという経験がありますよね。「ハワイに行きたい」と思っていると、ハワイに関する情報がネットや書店などでも目につくようになります。これが興味・関心にもとづく情報です。

さて、ここで衝撃の事実をお伝えします。

47〜48ページで書き出してもらった、自分自身に抱いているセルフイメージ、これこそがアナタの「興味・関心」です。

そのため「ワタシはダメ」と思っている人は、「ワタシはダメ」を証明し続けるような情報ばかりを集め続け、「ワタシは好かれている」と思っている人は同じように、そうとしか思えない現実に出会い続けることになるのです。

だれもがこうやって、自分の思い込みを強固にしていきます。やがて気がつけば、人はそれを「ワタシの運命」と思うようになります。

これまでアナタは、職場での人間関係がうまくいかないのは、悪い上司や部下、できないワタシという、現実に原因があるからだと思ってきたはずです。

しかし、目の前の問題が、かりにワタシの「思い込み」なのだとしたら、少し希望が見えてきませんか？

自己肯定感を取り戻す旅へ

ここまで読んできて、「この苦しい現実は、もしかして自分がつくり出していたのかも……」と、少しでも感じてもらえたなら、うれしいです。

さて、この先は自分で「新しい現実」をつくり出していく方法をお伝えしていきます。

それには、どうすればいいのでしょうか。


思い込みによる「自己〝否定〟グセ」を手放し、「自己〝肯定〟グセ」をインストールしていけばいいのです。

「こんなワタシにできるかなぁ」と思った人も安心してください。

そうやって自分を肯定しながら生きている人たちは、すでにアナタの周りにたくさんいます。それが、今アナタの隣で楽しく働いている人たちです。

彼らとアナタとの間には、ほとんど違いはありません。**そこには、「知っているか、知らないか」「気づくか、気づかないか」程度の差しかないのです。**

自己否定を手放すことで、仕事も人生もスムーズに流れ始めます。

上司や同僚、部下やスタッフがアナタをサポートしてくれるようになり、アナタ自身も彼らに貢献し、満たされて生きられるようになります。

人目を気にせず、勇気をもってチャレンジすることができるようになり、自らの手で人生を切り開いていける人になることができます。

さあ、これから自己肯定感を取り戻し、本来の自分へと生まれ変わりにいきましょう。

覚えておきたいコトバ

1

自分にＯＫを出しながら、
他人にもＯＫを出していくことだけが、
「人間関係がしんどい」と悩むアナタが
会社に行きたくなる、唯一でほんとうの方法です。

自己肯定感の高い人とアナタとの間には、

「知っているか、知らないか」

「気づくか、気づかないか」程度の差しかありません。

第2章

自分を大切にするってどういうこと？

01 自分のマイナス面を受け入れる

仕事や人生を困難にしているネガティブな思い込み（自己否定）を手放していく方法をお伝えする前に、本章では自分を肯定していくために、まず知っておいてもらいたい「基本のキ」をお伝えします。

とにかく肯定すると「決める」

まずは、「自分が自分を否定していたから、人生がうまくいっていなかったのだ！」ということを徹底的に認め、**「もう自分は自分を否定するのをやめるんだ」「すべて肯定するんだ」と「決める」ことがスタートになります。**

「こんな自分はダメだ」「ワタシは嫌われている」といった、いつもの思いがココロに浮かんだとき、深呼吸などをすることで「ヨシッ！」と、それを手放していきましょう。

自己否定はこれまでのココロのクセなのですから、手放すことは簡単ではないかもしれません。

しかし、「もうやめる！」という意識さえ持ち続けていれば、自分にあった手放し方がかならず見つかっていきます。

ただここでひとつ、最大級に気をつけてほしいことがあります。

「決めてもまた否定してしまう自分」さえも否定しないこと！

【反抗タイプ】も【悲観タイプ】も、これまでの人生を通して、ずっと自分を否定してきた人たちです。

そのため、いついかなるときも自分への否定をやめられず、「せっかく決めたのに、それができない自分はやっぱりダメだ……」と、無限のダメダメループに陥っていきます。

まずは自己否定をやめると決めたそのチャレンジにOKを出しながら、一歩ずつ前に進んでいきましょう。

自分がダメなんて、しょせんただの思い込みなのですから。

「ダメでいい」と肯定する

「ダメじゃダメ」「ダメでいいはずがない」とフツーの人なら考えると思います。ダメな部分は直さなければ、改善すべきだ、そう思うのがアタリマエの思考です。

しかし第1章で説明したとおり、自分を「ダメ」と思っているのは、ただの「思い込み」で「カンチガイ」です。

ですから、その思い込みを外していくためにも、「まあ、今の時点ではダメでもいいや」「できなくてもしょうがないか」と、積極的に自分にOKを出していきます。

「ダメでいい」と、声に出して言えますか？

違和感や抵抗がある人は、まだココロの中で自己否定をしている人です。

このコトバに違和感や抵抗がなくなり、ちょっと笑えてくるまでブツブツとつぶやいてみてください。簡単なことですが、ココロのブロックが緩んでいきます。

「ダメでいい」は肯定で、「ダメじゃダメ」は否定です。だから、ダメでできない自分にそのままでいいよと、「許可」を出していくのです。

自分を追い込んでしまうクセのある人は、ぜひこのコトバを持ち歩いてください。

「ダメでいい」は自己正当化ではない

「ダメでいい」なんて、ただの自己正当化や開き直りだと思っていませんか？　また、「ダメなままだと成長しねぇよ」という意見もありそうですね。

ここであらためて「肯定」について説明すると、**肯定とは「どんな状況であれ、それを認め、受け入れること」です。**

自分の能力をはじめとする「条件」について、どんなに気に入らないものだと感じていても、今の状態にいちどそのままOKを出すということ。

これを「前向きにあきらめる」といいます。ちなみに「あきらめる」はもともと仏教用語で、その語源は「明らかに観《み》る（観察する）」だといわれています。

「自己正当化」には「正しい」という字が入っており、自分に対しての「正しいか否か」の「評価」が存在しています。評価は、すべてにOKを出す「肯定」とは違います。

正しいとは言えないが、「否」とも言いたくないため、「うるせー！　オレが言うんだからこれでいいんだよ！」と、むりやり自他に言い聞かせているようすが自己正当化です。
これは【反抗タイプ】そのものです。「自分はダメなんかじゃない！」と【反抗】し、争っているのです。

「ダメでいい」とは、「正しい、間違い」とは関係ありません。自分をダメだと評価する「思い込み」から抜け出すために利用する、自分への許しのコトバだと思ってください。

02 自分を大切にする

自分を大切にする＝ワガママ？

クライアントさんに「もっと自分を大切にしてください」とお伝えすると、ほとんどの場合、「自分を大切にするって、どういうことですか？」と聞かれます。

それくらい多くの人が、自分を無意識に否定し、イジメ続けており、そもそも自分を大切にするという発想自体がありません。

でも「自分を大切にできていない人」が、周りの人を大切にすることができると思いますか？　幸せにできると思いますか？


また、「自分を大切にする」＝「ワガママ」と思っている人もいます。

次の定義を、ぜひ覚えておいてください。


「ワガママ」とは、他人を使って自分を満たそうとすること。

「自分を大切にする」とは、自分で自分を満たしてあげること。


【悲観】や【反抗】の態度で、他人に「わかってクレクレ」と「肯定」を奪いにいくのがワガママで、自分で自分をわかってあげることが自分を大切にする、ということです。

自分の感情を肯定してあげる

自己否定や他者否定をしていると、怒りや悲しみ、恐怖や寂しさ、罪悪感や劣等感など、たくさんのネガティブな感情が出てきます。

向上心のある人であれば、この感情を「こんな考えをしていてはダメだ」と思い、ポジティブに切り替えようとするかもしれません。

ポジティブに考えること自体はいいことなのですが、この場合、ネガティブな感情を否定しないように気をつける必要があります。

幼い男の子が、小さなかわいい犬を見て、「怖いよー」とおびえていたら、アナタはなんと言うでしょうか？

きっと「怖くないよー」と言ったり、笑ったりするのではないかと思います。

もしかすると、「男の子は泣かない！」と叱るかもしれませんね。

ところで、アナタがどんなによかれと思って発したコトバであっても、これ全部、その子への「否定」になっているかもしれません。

否定されると「恥」と感じ、「自分が悪いのだ」という罪悪感から、その感情を抑圧し、ガマンします。もしくは、ガマンできずに、もっと「怖いよー！」と号泣するかもしれません。

否定された男の子には、「ボクはわかってもらえない人なんだ」「ボクは弱い人間なんだ」という自分への不信感が芽生えます。

すでに理性が発達した大人からすれば「そんな大げさな」と思うかもしれませんが、理性よりも本能レベルで生きている感受性の高い子どもにとっては、自分の感情を否定されることは、自分自身を否定されたも同じことです。

実際、そこまで極端に考える必要はないのですが（笑）、このとき、大人として子どもにかけてあげるのに望ましいコトバは「怖いんだねー」「怖いよねー」です。

男の子は「怖い」と言っているのだから、まずはその感情を肯定してあげる。

「そっか、怖いんだね」「うんうん、初めて見たからね」「びっくりしちゃったんだね」、そうやって受け止めてあげれば、「自分の気持ちをわかってもらえた」と安心します。

あとはギュッと抱きしめて、「よしよし」「大丈夫だよー」「ほら、小さくてかわいいね」と言ってあげれば、そのうち泣きやみます。

こうしてあげると、自分を否定することなく、「自分の気持ちを感じていいんだ」と自らを肯定できるようになっていきます。

みんな自分を「わかってほしい」だけなのです。そして、わかってほしいのは「気持ち」であり、「感情」です。

これは自分にとってもまったく同じこと。

「上司に腹が立っちゃうよね」「悲しいよね」「怖いよね」「今の自分では、【反抗】して怒っちゃったり、【悲観】して泣いちゃったりするのも、しょうがないよね」

まずはその感情、気持ちにOKを出してあげる。

自分が自分の気持ちを否定せず、わかってあげたら、初めてそこから、ほんとうに前を向いて歩いていけるようになるのです。行動を反省し改善していくのは、そのあとです。

自分を大切にするとは、「自分の感情を肯定してあげる」ということ。

これまで自分を否定してきた人は、「怖い」「悲しい」「不安」「焦り」など、ネガティブな感情こそ、積極的に肯定してあげてください。ポジティブな感情ならもちろんです!

やりたいことをして、やりたくないことをやめる

さて、自分の感情にOKを出していくと、イヤなことはイヤ、好きなことは好きという気持ちが徐々にわかるようになってきます。

そうすると、今まで「アタリマエ」「そういうもの」「これはこれ」「みんなそうだし」「だって、しょうがない」「○○してはいけない」「○○すべきだ」といったコトバで抑え込んできた〝本音〟と向き合っていくことになります。

少しずつでいいので、やりたいことをする時間を増やし、やりたくないことは手放していきましょう。

ニガテな仕事を断ってみる。たまには残業せずに帰ってみる。理由もなく有給休暇をとって海に行ってみる。ちょっと明るめの服を着てみる。じみだったメガネを外しコンタクトに替えてみる。ご飯は好きなおかずから食べてみる。嫌いなものは残してみる。

そんな、なぜだかすぐにできるのにやらずにいたことを、コツコツとやってみて、自分を満たしていってください。

これが意外と怖くて、できないんですけれどね。だからこそ、やる意味があります。

03 自己肯定感を取り戻す3つの習慣

習慣1 いつも自分を「ねぎらう」

アナタはいつも自分にバッをつけ、【反抗】し【悲観】しながらも、なんとかよく、ここまでがんばってきました。

だから、そんなこれまでの自分に、ねぎらいのコトバをかけてあげましょう。

「こんなオレでも、よくやってきたなぁ」
「よくガマンしたね」
「エライよ、ワタシ」
「よくがんばってるよ」

これからは自分をイジメるのをやめて、自分が自分に寄り添って、仲間になってあげるのです。

自己肯定感が低い人は、これまでの人生でこれらのコトバを自分にかけてあげたことがいっさいありません。

カウンセリングで、クライアントさんにこのコトバを声に出して言ってもらうと、号泣する人もたくさんいます。だからアナタもぜひ、声に出して言ってみましょう。

このねぎらいのコトバたちを、いつでもつぶやいて人生のクセにしていくことが、かならずアナタのココロの土台を育てていきます。

習慣 2 「自分にOKグセ」をつける

何度も説明してきて、耳にタコかもしれませんが、自己「肯定」感が低くなってしまっているのは、自己「否定」グセがあるからです。ここ、ものすごく大事なところなのですが、**これは、ただの「クセ」にすぎません。**

だから、そのクセを上書きしてあげます。「否定」するのをできるだけやめて、「肯定」

するクセに変えていくのです。あらゆる自分の行動、思考、感情に「肯定＝ＯＫ」を出す練習です。


「今日も、朝起きられた、ＯＫ！」

「服も着られたよ、歯も磨けたよ、すばらしい！」

「お弁当をつくってる。なんてエライんだろう！」

「会社に行きたくないなぁ。行きたくないって気づいてＯＫ！」

「毎日、満員電車に乗ってるって、すごくない⁉」

「無事に会社に着けた、ＯＫ！」

「『おはよう』って言えたよ、立派！」

「仕事ミスって自分はダメだなぁって思った。気づけた自分にＯＫ！」

「トイレでひとりで用を足せた、よくできました！」

「仕事のプレッシャーが怖い。怖いって思ってるんだなー、それでいいよ！」

「仕事をサボってジュースを飲んでる。リフレッシュできてよかった！」

「課長ムカつくわぁ。ムカついていることに気づいてるよ！　ＯＫ！」

「今日も一日働いた、エライぞ！」

「家に着けたね、ＯＫ！」

「お風呂ひとりで入れたね、スゴイ！」

「今日も一日無事に終えられたね。おつかれ、ＯＫ！」


ポイントは次の４つです。

① いい悪いで判断せず、とにかく全肯定する。
②「ＯＫ」を出すハードルを地べたまで下げる。赤ちゃんを褒めるようなレベルで。
③ ムリをせず、気が向いたときや、気分がいいときに楽しんでやる。
④ **自己否定やネガティブな感情にこそ、「それに気づけてＯＫ」を出す。**

④が最重要で、④だけでもいいです。無自覚に行っている自己否定に気づき、少しずつ手放していくことが、【悲観】や【反抗】から抜け出す方法です。

最初は自分にウソをついてるようで、実感が湧かないかもしれませんが、慣れるとそんなに難しくありません。それどころか、調子にのってやりたくなってきます。

1日しっかりやってみると、その効果の大きさに驚くと思います。1か月マジメにやったら、世界が変わります。

習慣3 ネガティブ感情だからこそ肯定する

ネガティブ感情を肯定することの大切さは前述しましたが、簡単でだれにでもできる具体的な方法を紹介します。

ネガティブ感情を身体で肯定するワーク

① 「怖い」「悲しい」「不安」「焦り」「腹が立つ」などの感情が出てきたら、静かな場所に移動する。あお向けになってやってみるのも効果的。

② 胸やみぞおちに手を置き、目をつぶり、ゆっくり呼吸してみる。イライラ・ザワザワを感じている身体の部位（下腹、肩、腰、内もも、二の腕、喉元など）が特定できるようなら、その場所でもOK。

③ その場所をさすったり、ポンポンと軽くたたきながら、
「不安でいいよ（悲しくていいよ、怖くていいよ、など）」

「感じていいよ」

と声を出す。幼い子をあやすように優しく。

④ 感情が収まっていくことを感じる。身体がある程度満足したら終了します。

通常であれば、長くとも20分もすれば感情は薄れて消えていくでしょう。このワークをネガティブ感情が出てくるたびに行ってみると、少しずつ自分の感情に振り回されなくなっていきます。

以上3つの習慣が、自己否定から自己肯定の人へと変わっていくための基本となります。自己否定はココロの考え方のクセです。ですから、次章以降を読み進め実践していくなかで、「あれ?」と迷いが生じたときは、ぜひ本章と、この3つの習慣に立ち戻ってみてください。それだけで、アナタの自己肯定感は回復していきます。

覚えておきたいコトバ

2

「ダメでいい」とは、自分をダメだと評価する「思い込み」から抜け出すための、自分への許しのコトバだと思ってください。

「怖い」「悲しい」「不安」「焦り」など、ネガティブな感情こそ積極的に肯定してあげてください。

アナタは自分にバツをつけながらも、がんばってきました。だから、これまでの自分に「よくやってきたなぁ」「エライよ」と、ねぎらいのコトバをかけてあげましょう。

第3章

「思い込み」は大いなるカンチガイ

01 アナタを陰で操るネガティブな「思い込み」

さていよいよ、「オレってダメだ」「ワタシはわかってもらえない人」といった、自分を否定してしまう「思い込み」を手放す方法を、具体的にお伝えしていきます。

「思い込み」は強いショックから生まれた

思い込みは、おもに幼少期につくられます。

人は15歳くらいまでの間に、「自分とはこういう人間だ」というセルフイメージをつくり上げ、それ以降、そのイメージを後生大事に守って生きていきます。

テストで100点をとって先生に褒められたら、みんなから嫉妬され、仲間はずれにされたという経験があったとすると、その子は「目立ってはいけない」という思い込みをもつかもしれません。

家族で遊園地に行くのを楽しみにしていたのに、何度も何度も「忙しいから今度ね」と言われ続けたとすると、「傷つくから信じてはいけない」「ワタシは大切にされない人だ」という思い込みが生まれてしまうかもしれません。

また、家族や地域の価値観からも思い込みはつくられます。

学歴をことさらに重視する家系の中で育った子が、たまたま勉強ができなかった場合、「学歴がないヤツは最低だ」と思い込むかもしれません。

いまだに「男尊女卑」の考え方が根強い地域もあり、そこで育った女性は、「ワタシは男性より劣っている」「男性に意見してはいけない」という考えを当然だと思ってしまうかもしれません。

これらの思い込みは、周囲や大人がよかれと思ってしたことであっても、本人がどう捉えたかによって出来上がってしまいます。感受性が強い子どものころは、テレビやマンガなどからも多大なる影響を受けます。

ネガティブな思い込みのほとんどは、親や先生に怒られた、親を悲しませてしまった、

たいへんな目にあった、と強いショックを受けたとき、そのショックから自分を守るためにつくり上げたものです。

つまりその思い込みは、その子が幼少期の環境で生きていくために自分に課した生存戦略ルールです。だから、当時は必要だったのです。

しかしそのほとんどは、

「ワタシはそのままでは愛されない人だ」＝「存在を肯定されていない人だ」という、大いなるカンチガイなのです！

「愛してくれよ！」とスネてしまい、【反抗】的な態度をとった。

「嫌わないで……」と悲しくてイジケてしまい、【悲観】的になった。

もしかすると過去に、あからさまに愛情を感じられない環境にいたのかもしれない。

一生懸命育ててもらったけれど、親から「心配」という形でしか愛情をもらえず、自分は不完全な存在だと信じてしまったのかもしれない。

でもその過去は、今のアナタとはまったくの無関係です。

もうこれからは、愛され、肯定される人生を生きてもいいのです。

自己否定の人が手放せない【3大思い込み宗教】

「思い込み」の根本にある〝大ボス〟は、「愛されていない」「嫌われている」という大いなるカンチガイなのですが、そこから派生して、人は大きく分けて3種類の「思い込み」で自分を制限していきます。

それら3つの思い込みが複雑に絡み合い、まるでカルト宗教の教義のようにアノタの人生を縛っています。

①【いけない教】（禁止・抑圧）

「ダメな自分だから、○○してはいけない」

②【できない教】（過度な劣等感）

「○○ができない（○○をもっていない）自分は嫌われる」

③【がんばり教（別名べきねば教）】（過度な完璧主義）

「だから愛されるため、もっともっとがんばらねば」

ネガティブな思い込みは、多かれ少なかれだれにでもあるものですが、自己否定の強い人は、その思い込みが人一倍強く、かたくなに信じて手放そうとしません。**このコトバたちによって、愛されない「恐れ」から自分を守っているのです。**

まず、ワタシはダメで価値のない愛されない人だから「○○してはいけない」と、たくさんの〈禁止〉を自分に課して生きています。禁止事項があればあるほど、自分の人生が苦しく、身動きのとれないものになっていくのは当然です。

また、「愛や肯定がもらえないのは、自分が劣っているからだ」と感じており、いつも人と比較することで、過度な〈劣等感〉を覚えています。自分の劣っているところを改善するため、自分を見張り続けています。

そして、ワタシはダメだから「してはいけない」し、「できなくて」劣っている。だから、「もっとこうあるべき、こうあらねば」と、〈完璧主義〉で自分を追い詰めて生きていきます。

3つの教義を合わせると、次のようになります。

【3大思い込み宗教】の思考回路

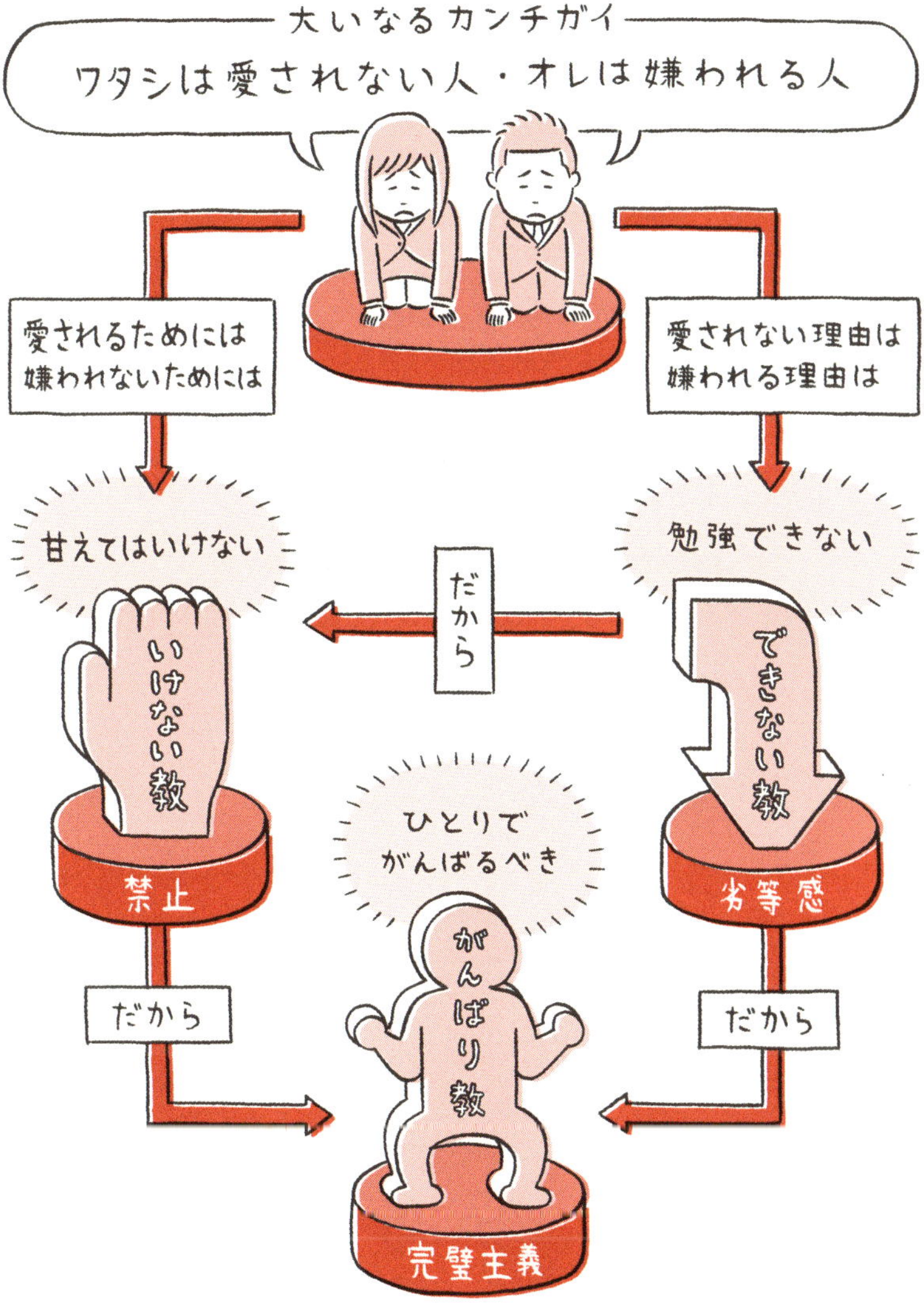

【悲観タイプ】の例

〈禁止〉「休んではいけない」＋〈劣等感〉「仕事ができない」

⇓〈完璧主義〉「もっと働いて、人の役に立たねばならない」

【反抗タイプ】の例

〈禁止〉「負けてはいけない」＋〈劣等感〉「ほんとうは繊細・怖がり」

⇓〈完璧主義〉「いつどんなときも、勝ち続けねばならない」

【悲観タイプ】の人は、これらの思い込みによるプレッシャーで人生に絶望し、【反抗タイプ】の人は、プレッシャーに対じ「オレは悪くない！　オマエが悪い！」と怒りで外に訴え始めます。

ただし「思い込み」であるだけに、本人はそれをもっていることに気がついておらず、なぜ自分がそんな行動をとってしまうのか、わからないことも多いです。

「思い込み」は頭で考えているというより、幼少期に身体で覚えた（思い込んだ）といったほうが適切で、だからこそ、手放しづらいクセになるのです。

人にイライラするのは「思い込み」のせい？

自分がどんな思い込みをもっているのかは、それが無意識であるだけに、気づくのは難しいものです。でもじつは、簡単に見つける方法があります。

人を見てイライラ・ザワザワ・モヤモヤするときは、自分の中の「教義」に反しているときです。

「甘えてはいけない」「弱音を吐いてはいけない」と自分に禁止していると、もれなく目の前に「甘えている人」「弱音を吐く人」が現れ（興味・関心があるから注目してしまう）、アナタをイライラさせてくれます。

「物覚えが悪い」ことに劣等感を抱いていると、それを気にもせず、笑っていられる人たちにザワザワします。

「もっときちんと仕事しなくては」と完璧主義が発動していると、仕事を大ざっぱにする人にモヤモヤし、その人を裁き始めることでしょう。

イライラ・ザワザワさせてくれる他者は、自分の偏った思い込み（禁止、劣等感、完璧主義）を教えてくれている、ありがたい存在なのです。

そして、そんな相手にイライラ・ザワザワしているときは間違いなく、「自分もそうしたい！」「自分もそのくらいできるはずなのに！」「ほんとうは羨ましい！」と思っているだけです。

幼い日に自分が自分に制限したことを、苦もなくできている人に嫉妬しているだけ。

さあ、アナタの教義はなんでしょうか。

「フツー」の裏には「思い込み」がある

「フツーはそうでしょ」「そんなの常識でしょ」「それってアタリマエでしょ」

これらのコトバをよく使う人は、気をつけたほうがいいです。

なぜなら、「フツー」や「常識」というコトバたちは、〝自分の考えを押しつける〟ために使われるものだからです。

「世間一般の意見である」という、だれも逆らいようのない「空想の産物」を勝手に持ち出し、その陰に隠れて相手をたたこうとしています。

簡単にいえば、「虎の威を借る狐」ということです。

そして、**この「フツー」「常識」の後ろにつくコトバこそが、「思い込み」なのです。**


「フツー、そんなことしないでしょ」「忙しいんだから、残業するがの常識でしょ」

たとえ、ある程度の「フツー」や「常識」が存在していたとしても、「フツー」「常識」と言ったとたん、アナタの思考は停止します。

「ワタシが正義」という思いを手に入れ、お互いの間によりよい関係を結ぼうという気持ちは放棄されてしまいます。自分の頭で考えることをやめてしまうのです。

しかも、その「フツー」は、自分自身をも追い詰める「諸刃《もろは》の剣」です。


その「フツー」、どこから仕入れたものでしょうか。

その「常識」、アナタの家族や狭い範囲だけで通じるものではないでしょうか。

「フツー」「常識」「アタリマエ」というコトバが出てきたとき、そこにはかならず偏った思い込みがある、と思って間違いありません。

02 禁止事項を手放す

【いけない教】のおもな教義

まず、職場で感じるおもな禁止の思い込みの例を挙げていきますが、人によりさまざまな、自分なりのコトバで思い込んでいるので、覚える必要はありません。自分がどんな思い込みをもっているかを知るための参考にしてみてください。

「人に頼ってはいけない」「甘えてはいけない」

ほんとうは甘えたいくらいの年齢に、早く大人になる必要性に迫られ、子どもでいられなかった人は、だいたいこれがあります。

「迷惑をかけてはいけない」「心配をかけてはいけない」

親や先生の口グセであることが多いです。実際に迷惑や心配をかけたかどうかとは関係ありません。

「失敗してはいけない」「間違ってはいけない」

失敗に寛容ではない日本人の国民病ともいえます。恐れから、チャレンジできなくなってしまいます。

「人を信用してはいけない」「仲間になってはいけない」

イジメや、裏切られたと感じたことでつくられます。人と親密になることを恐れているので、自ら離れていき孤立します。チームで働く職場にいると、しんどい思い込みです。

「負けてはいけない」「逃げてはいけない」「弱音を吐いてはいけない」

「弱さ」に不寛容で、勝ち負けを異常に重視します。「ありがとう」と感謝することも「負け」にカウントすることがあります。反対に「勝ってはいけない」もあります。

「休んではいけない」「くつろいではいけない」

親の働き方から学ぶことが多いです。残業がやめられず、有給休暇に罪悪感。学校が皆勤賞主義であることも理由のひとつ。「楽しんではいけない」もセットになりやすいです。

「怒ってはいけない」「感情的になってはいけない」

感情的な親や先生との関係から、「怒り」や「悲しみ」などを否定しています。感情をためてしまうので、最後は爆発するか、病気になりがちです。

「言ってはいけない」「聞いてはいけない」

言ったり聞いたりしたことで、怒られた経験などによります。仕事でひと言聞けばすむことをせず、自分だけで抱え込んでしまいます。

「目立ってはいけない」「調子にのってはいけない」「自己主張してはいけない」

過去に目立ったことでたたかれた経験によります。「出る杭《くい》は打たれる」などのコトバも一役買っています。会社で存在感を示せず、結果、犠牲的・依存的になります。

その他、「中途半端ではいけない」「自分で決めてはいけない」など、たくさんの禁止や抑圧の思い込みがあります。原因は人それぞれですが、多くは「そりゃあ、そう思っちゃうよね」という幼少期の環境によってつくられていきます。幼かっただけに、頭の中の空想の世界でできた、まったくのカンチガイであることもあります。

ほんとうにそれは「いけない」こと？

「会社に行きたくない……」という人がもつ、職場での代表的な思い込みに「頼ってはいけない」「甘えてはいけない」があります。

学校でも家庭でも、幼い日から「なんでもひとりでできるようになりなさい」と育てられ、「ちゃんとしなさい」「しっかりしなさい」と、独り立ちを迫られる。

そうやって一見、「ちゃんと」「しっかり」した「いい子」が量産されていくのですが、それが過度になると、自己肯定感はだいぶ傾いてしまっているかもしれません。

ボクは、甘えを許せない人でした。身体が弱いからこそ、強くなって甘えない、がんばってなんでも自分でする、という思いで生きてきたからです。

体調が悪くても弱音を吐かず、人の何倍も努力して仕事をこなしていました。

だから、人に仕事を頼んでとっとと帰るような人や、甘っちょろいことを言っているヤツらを、「いつかアイツらには天罰が下る」と、ココロの中で断罪していました。

しかし気がつけば、そんな彼らのほうが、明らかに楽しそうに働いているのです。

上司やお客さんとも仲がよく、出世街道をラクラクと歩いていく。しかも仕事も定時に上がり、プライベートまで充実しているというおまけ付き。

「え、ちょ、待てよ⁉」「なんで歯を食いしばって、だれにも甘えず、仕事をこなしている自分よりも、オマエらのほうが評価されるんだ⁉」

今思えば、「テメーが歯なんか食いしばっていたからだよ」って、わかります（笑）。

実際、ビジネスにおいては、甘えが許されない場面もたくさんあります。

しかし、適度に「甘えられること」「頼れること」は、仲間に助けてもらったり、上司に気に入ってもらえたりと、じつは会社で生きていくための必須スキルです。

昔のボクは上司に頼らずココロも開かず、いつも〝水臭い人〟だったそうです（上司談）。

そのせいで上司とも部下とも、そして自分自身との人間関係もすべてうまくいかなくなり、そのうち破綻し、倒れてしまいました。

【どっちでもいいけど、こっちがいい教】のススメ

「頼ってはいけない」や「迷惑をかけてはいけない」という思い込みに縛られていると、仕事を抱えすぎたりトラブルがあったりといった自分に正当な理由がある場面でも、躊躇《ちゅうちょ》して頼ることができなくなります。頼ろうとする自分を「そんなんじゃダメだ」「もっと自分でやってからでないと」と、なぜだか否定して押さえつけてしまうのです。

かりに頼ったら頼ったで、変な罪悪感を抱いてしまい、本来であれば「ありがとうございます」と感謝すべき場面でも「すみません」と謝ってしまったり（【悲観タイプ】）、「オレだってほんとうはできたのに……」と言い訳や負け惜しみを言ったり（【反抗タイプ】）してしまいます。助けてくれた相手も、これではうれしいはずがないですよね。

仕事には「報連相」が大切だといいます。トラブルがあったら早めに上司に伝え、頼るのが大切。火がボーボー燃え盛ってからでは、消すことができなくなります。

では、「頼ってはいけない」と自分に禁止している人は、どうすればいいのか。

自分が禁止している「反対の自分」を認めて、肯定してあげることです。

次のように考えてみると、わかりやすいでしょう。

「頼ってもいい」
「もちろん、頼らずに自分でやるのもいい」
「どっちでもいい」
「ただワタシは、自分でやるほうが好きだから、普段は頼らずにやってみる」
「ほかの人は関係ない」

これが禁止事項に操られず、他人も自分も否定することのない、健全なメンタルの状態です（「休んではいけない」など、ほかの禁止事項にも応用してください）。

「頼らない」という思い込みに制限された自分から、「頼ってもいい」と自分の中のルールを変えて、【どっちでもいいけど、こっちがいい教】へと改宗しましょう。

あえて禁止事項を破ってみよう

とはいえ、禁止事項を破ろうとしてみるとわかりますが、ビックリするほどココロが抵抗します。幼少期から守り続けてきた「思い込み」は、それくらい身体に染みついているのです。

だからこそ、その禁止事項をあえて破る体験をしてみることで、「自分が思っていたような、恐れていたことは起こらない」「みんな、意外と優しい」「そんな厳しい禁止事項はいらない」ということを、自分に再教育していく必要があります。

ボクにはなぜか、「時間に遅れてはいけない」という強い思い込みがありました。会議や待ち合わせには、かならず5分前には席につきます。

だから、会議に遅れてくる人は〝敵〟でした。「人の時間を奪うサイテーな社会不適合者」と、ココロの中でコテンパンに批判していました。

そんな自分が、この思い込みの仕組みに気づき、「時間に遅れてもいい」を自分に許可してみようと思い、実行してみたのです。つまり、自ら会議に遅れてみました。

大げさに聞こえるかと思いますが、最初にやってみたときは、冷や汗が出て手が震えるほどでした。会議室に入ったときには、申し訳なくていたたまれない気持ちになりました。目は泳ぎ、蚊の鳴くような声で「す、すみません……」と言うのがやっとでした。

しかし、当然のことながらなにも問題は起こりません。そこにはボクを気にするような人も、責めるような人もいませんでした。アタリマエです。いつもほかのだれかが遅れてきても、とくに問題は起きなかったのですから。

そのうち、冷や汗が出ることもなくなり（笑）、また、遅れてくる人をことさらに敵視することもなくなりました。

「みんな都合があるしな、忙しいもんな」と、自分も相手も許すことができ、気持ちもラクに働けるようになりました。

人から許可をもらおう

「いけない」という禁止は、つらく怖い思いをしたときなどに、自分を守るためにつくった思い込みです。だから、向き合うにはけっこうな勇気がいります。

どうしても自分で自分の「いけない」を破る許可が出せないときは、まずは人からもらってください。

「ワタシ、この仕事で迷惑かけちゃうかもしれないけど、いいかな？」「会議に遅れてもいいかな？」「一緒に残業してもらっていい？」と聞けば、通常は「いいよー」「大丈夫ですよ」と言ってくれます。

そうすれば、仕事でも少しだけ安心して迷惑をかけることができるようになります。仲間意識も向上するでしょう。

そのかわり、それを聞くときは、かならずＯＫをもらえそうな人にしてください。【反抗】【悲観】の強い人に聞いてはいけません。

【いけない教】から抜け出すポイント

【悲観タイプ】のアナタへ

怖がりで人と向き合うことがニガテなので、**まずは小さなことや、自分だけの範疇《はんちゅう》で完結できる「いけない」に取り組んでください。**たとえば、「休んではいけない」と思い込んでいる人が有給休暇をとってみる、などです。

【反抗タイプ】のアナタへ

自分の禁止事項を、なぜだか絶対的な「正義」とカンチガイしています。**人は「正しさ」を掲げると、相手を罰してもいい権利を手に入れた気になり、意識が自分から相手へ**

と移ってしまいます。「あの人と自分は関係ない」「自分が自分の意思で、禁止を緩めるためにやるのだ」という意識で取り組んでみましょう。

03 「劣等感」を手放す

【できない教】のおもな教義

あらゆることを人と比べては、「あれもできない、これももっていない」と、自分を人より劣っているとダメ出しし続けているのが、【できない教】です。

これは「劣ってはいけない」という【いけない教】の一部ともいえますが、重要なので別の教義としています。

おもにできない、もっていないと思っていることは、次の4つです。

①**「仕事・能力」** 成果、業務スキル、センス、コミュ力、リーダーシップがない、など
②**「人間関係」** 人気、魅力、人望がない、仲間・友達が少ない、など
③**「モノや立場」** 学歴、地位、資格、お金、幸せな家庭をもっていない、など
④**「健康」** 健康ではない、病気である、障がいがある、など

これらは、過度に人や兄弟と比べられてきたり、もしくは自分で劣っていると思い込んだりしたことで出来上がったものです。

働く人の悩みはほぼすべて「人間関係」という話は、序章でしましたが、人間関係が整い、相手は自分を脅かす敵ではない、比較しなくてもいいということがわかってくれば、ほとんどの思い込みは必要がなくなっていきます。

じつは劣等感は悪いものではない

自己肯定感の低い人は、もれなく強い劣等感をもっています。

そもそも劣等感というコトバ自体にいい響きは感じられないし、嫌っている人も多いのではないでしょうか。

しかし、劣等感は「人が成長するために必要な感情」なのです。

人間は自然界において、そもそも劣った生き物です。ライオンのような鋭い牙もなく、冬の寒さから身を守る厚い毛皮もありません。

人間は「劣っている」「弱い」という感覚をもったことで、それを克服するために、さまざまな「知恵」を発達させてきました。

「道具」をつくることで自分たちの弱さを補い、「言語」でコミュニケーションを深め、その知恵を後世へと伝えていくことができるようになりました。

自分たちがそもそも劣っているという思いから、優れたもの、美しいものへの欲求が生まれて「芸術」を生み出し、劣っているからなにかにすがりたいと思って「神」という概念をつくり出し、「宗教」が出来上がったともいわれています。

つまり、「劣等感」が人間の文化をつくってきたのです（あと、「欲」もです）。

現代のワタシたちも、ライバルに劣っているからこそ、がんばって練習したり勉強したりします。同僚に負けて「なにくそ」と努力して営業成績を上げるというのも、まっとうなことです。

人間以外の動物たちには「劣っている」という感情はありません（強い弱いという上下はあるでしょうが）。劣等感がある人間だからこそ、進歩・発展できるのです。

「劣等感」と「劣等性」を区別する

そもそも「劣等感」とはなんでしょうか。

コトバどおりに捉えれば、「人より劣っていると〝感じる〟」ということです。

一方、あまり耳にしないかもしれませんが、「劣等〝性〟」というコトバもあります。「劣等性」とは、「生活上不利に機能する客観的な属性」のことをいいます。ちょっと難しいですね。

たとえば身体的な不自由は、明らかな「劣等性」となります。一般的に病気や障がいとされるものは、すべて「劣等性」に分類されます。

「お金がない」というのも、社会的には「劣等性」に入りますし、「コミュ力が低い」「数字に弱い」みたいなものも「劣等性」に分類されます。

この話を聞いて「自分のことだ」と、非常に腹が立つ人や、恥ずかしさやつらさを感じる人もいるかもしれません。

まさに今、アナタに湧き出てきたその感情こそが「劣等〝感〟」です。

社会や会社の中で生きている以上、「劣等性」がある人が「劣等感」を抱きやすいのは、ある意味、仕方のない部分でもあります。

しかし、ボクがカウンセリングをしていて感じるのは、多くの人が「劣等性」と「劣等感」をゴチャ混ぜにして、同じものとして考えてしまっているということです。

まあ、ボク自身もその代表者だったわけですが、まずは、それをいったん分けて考えてみましょう。

自分にはさまざまな「劣等性」はあるが、「劣等感」をもつ必要はないかも？　ということです。

「劣等感」と「優越感」を比べてみると

ところで、「優越感」と「優越性」というコトバもあります。

「劣等性」に対して、「健康である」「お金持ちである」「仕事ができる」「記憶力がよい」というような、「生活上有利に機能する客観的な属性」を「優越性」といいます。

劣等（優越）性は事実、劣等（優越）感は「思い込み」

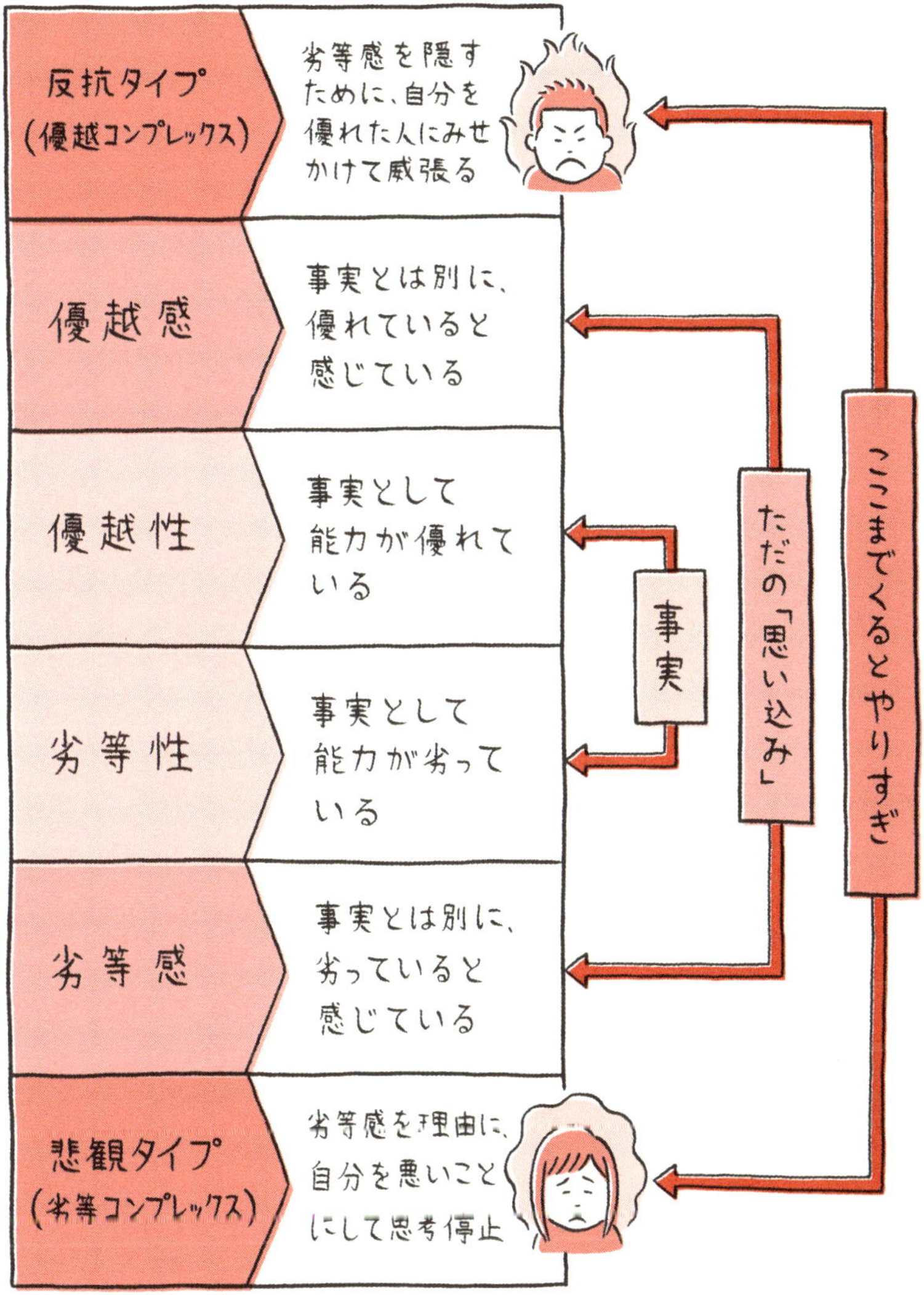

ただ「劣等性」「劣等感」とは違い、「優越性」と「優越感」はあまりゴチャ混ぜにはされません。なぜでしょうか。

日本は謙虚さが美徳とされる国でもあるので、「優越性」をことさらに使って「優越感」を出している人は、超イヤなヤツだと思われます。

そもそも「優越感」というコトバ自体にあまりいい響きはありませんし、優越感をひけらかして人の上に立とうとする人を【反抗タイプ】というのです（101ページ参照）。

つまり、**単純に「優越性」＝「優越感」ではない、ということです。**

そう考えてみると、「劣等性」があるから「劣等感」を覚えると単純に考えてしまうことも、なんだかちょっとおかしく思えてきます。

パワハラ上司は劣等感を刺激する

ボクの知り合いで、うつになって会社をお休みした人がいます。

うつになった原因は、上司から「オマエは部下とのコミュニケーションが全然できていない」と、パワハラのように毎日言われ続けたことからでした。

上司に対して争い【反抗】し、毎日「アイツ死ねばいいのに」と呪い続け、ついには心労で倒れてしまいます。

しかし今、うつサバイバーとして職場に復帰した彼はこう言います。

「自分はなぜ、あんなに怒っていたのだろう？」

彼の母親は明るく社交的な人でした。しかし彼は優しく内気な性格で、音楽が好きでいつもひとりでCDを聴いていました。

母親に「もっと友達をつくりなさい」と、よく交流の場に連れていかれました。人前で「この子、ほんとうに引っ込み思案で」と言われ、とても恥ずかしい思いをしていたそうです。

母親はよかれと思ってやっているのですが、本人にはそれがプレッシャーとなり、徐々に「自分はダメなんだ」との思い込みを強めていったのです。

音楽が好きな彼は楽器メーカーに就職し、やがてパワハラ上司に出会います。

彼はもともと優しい性格ですから、その上司の支配的な態度にガマンを続けていました。

しかしそのうち上司が、彼の〝地雷〟を踏んでしまったのです。そう、「人とコミュニケーションが〝できない〟」という強い劣等感を。

確かにその上司は、【反抗タイプ】のイマイチな人だったのだと思います。しかしそれでも最初は、彼によかれと思って言ったのではないのかと思うのです。

「オマエは部下と上手に付き合えないところを改善しないと、マネージャーとしてやっていけないぞ」と。

彼にとってその部分は、お母さんをがっかりさせてしまったつらい思い出と結びついた「弱点」でした。

そんな弱点を指摘され続け、ついに【反抗】し、キレます。その後、上司との泥沼の戦いに身を投じ、敗れ、うつでお休みすることになったというわけです。

彼は今、こう言っています。

「自分が自分のことをダメだと否定し続けていたから、上司に過剰に反応してしまったんです。今では、コミュニケーションがそこまでニガテではないことにも気がつきました。周りからは『聴き上手』『アドバイスが適切』と言われています。

ワタシにはワタシの生かし方があるし、音楽への愛情もある。会社でも、その部分を高く評価してもらっています」

自分の優越性に気づこう

強い「劣等感」をもっている人は、「劣等性」にばかり注目してしまい、自分に「優越性」があることに気づいていません。

「劣等感」から自分をすばらしい人だと思えないため、自分の魅力や能力さえも封印してしまっています。

たとえば、仕事ができないという劣等感のある人に、「資料がキレイに整理されていて、スゴイね」などと伝えても、「いえ、でも仕事はできませんから」といっためんどうくさい反応が返ってくることは、よくあることです。

これが、自分の「優越性」が見えていない状態であり、まさしく【悲観タイプ】の特徴です。

アナタの優越性は、ほとんどが「得意なこと」や「好きなこと」に潜んでいます。

「得意なこと」は自分では自然にできるためアタリマエすぎて、それに価値があることにすら気づいていません。じみなことなら、なおさらです。

また、「好きなこと」は業務とは直接関係ないことも多く、「これは趣味だから」と、優越性にカウントしていないこともあります。

しかし、「コツコツ作業ができる」「データ集計が趣味」というのも立派な優越性ですし、「笑顔で周りを元気にする」「いるだけで癒やされる」といった人も職場に必要です。

そういう人たちが、目立つ優越性をもった人たちを支えています。

そんな、自分では気づかない自分の長所は、周りの人が「褒め」という形で教えてくれます。


以前、ボクの職場に新しく配属されてきた女性がいました。

いつも自信なさげで人付き合いもニガテ、仕事もあまりできるほうではありません。

しかしある日、プレゼン（プレゼンテーション）の資料の作成を頼むと、図表や自作のイラストも入れて、ものすごくキレイにまとめてきてくれました。

「〇〇さん、資料づくりすごく上手だね」と伝えると、「いえ、ワタシこれくらいしかできなくて」「みなさんのお役には立ててなくて……」と返してきます。

ボクが「えー、すげーよ」「これだけでメシ食えるよ」「パワポ屋で独立したら？（笑）」

と言っていたら、彼女もちょっと乗り気になってきて、「資料ならワタシがつくりますので、ぜひ頼んでくださいね」と、周囲にも伝えるようになっていきました。

そうすると、そんな仕事がどんどん彼女に集まるようになりました。みんなに重宝されているうちに、彼女自身もニガテなことをたくさん助けてもらえるようになりました。

そのうち、ほかの仕事も上手にこなせるようになり、職場で生き生きと過ごせるようになりました。

褒めを「ありがとう」で受け取ろう

厳しくお伝えしておきますが、せっかくの褒めを受け取らないことは、相手への〝侮辱〟ですよ。

そうやってアナタはこれまで、自分を否定するだけでなく、自分を褒めてくれるような仲間さえも否定して失ってきたわけです。

褒められたら、かならず「ありがとう」で受け取ってください。

こんな簡単なことですが、褒めを受け取り慣れていない人は、褒められていることにさえ全然気づかないし、やろうとしても最初のころは、「ありがとう」と言えなくて悶絶《もんぜつ》すると思います。

自分への褒めを受け取り始めると、相手のことも褒めたくなってきます。人はもらったものに対してお返しをしたくなるものです。

「アナタ、ステキね」と言われたら、「ありがとう、アナタもこんなところがステキよ」と返してみましょう。感謝の交換ができるようになり、より自己肯定感がアップしていきます。

「調子にのってはいけない」なんて謙遜はいりません。「ありがとう」とは、相手のためだけではなく、自分のために言うコトバなのですから。

「劣等性」は相手に貢献感を与える能力だ

「劣等性」と「優越性」は、次のように、お互いがお互いを補い合うことで成り立っています。

「優越性」は、「劣等性」がある人を助けるためにある能力。
「劣等性」は、「優越性」がある人に助けてもらい貢献感を与える能力。

人は人の役に立つこと、つまり「貢献」できる自分にすばらしさや喜びを感じます。

ですから、「劣等性」「劣等感」があっても卑下なんてせず、ちゃんと表に出していけばいい。「助けてほしい」「頼らせてほしい」、そう言えばいい。

そして自分に「優越性」があるとわかったときには、その部分で積極的に人を助けていけばいいのです。

そうすれば、みんながお互いのために役に立ち、自分に価値があると思える世界がやってきます。だから、ぜひ劣っていると感じているアナタから、「劣等性」「劣等感」をどんどんさらして、使っていきましょう。

いかに早く弱みをさらせるか

劣等感は隠すから苦しい。隠したら隠し続けなくてはいけなくて、しんどいだけ。

劣等感は〝さらす〟ものです。とっとと出したもの勝ちです。

たとえば、アナタが新しいプロジェクトに配属になったとします。じつはアナタは、「数字」を扱うことがとてもニガテです。

でも自分の弱みをさらすのが「恥」で「怖い」人は、それを言いません。言ったらいけない（【いけない教】）、がんばって克服すべきだ（【がんばり教】）と思う。

さあ、新規プロジェクトで役割分担が決まっていきます。

アナタは「数字の管理、ワタシにまわってきませんように……」と、黙って祈って見ています。

でも、みんな目立つ仕事がしたいので、最後までその役割が残っていき、気がついたらアナタの担当になっていたりする。

そして、苦労して泣きながら数字とニラメッコ。

「ワタシ、ついていない……」「仕事も苦しくてつまらない」、そしてミスして怒られる、なんてことをやってる人、いっぱいいますよね。

この解決策は、ものすごく簡単です。

「ワタシ、お金の計算、超ニガテです！」と、先に弱みをさらすのです。

そうしたら、「お、そうか」「じゃあ、アナタには別の役をお願いして……」と、自分中心に話が動き出す。

「それじゃあ、逃げでは……」「そんなワガママを言っちゃあ……」

逃げではないし、ワガママではないのです。

なぜなら、だれもニガテな人にニガテなことをむりやりやってほしくないし、数字を間違えたら大問題。だから、ニガテを申告する（さらす）ことは、とても大切なのです。

しかも、「ニガテです」と言ったら、だいたい「じゃあ、得意なんでワタシが」という人が現れます。素直に弱みをさらせる人は、周囲が積極的に助けてくれる。弱みと強みが出会って、補い合える。

そして助けたほうもうれしい。それを「すみません」ではなく「ありがとう」で受け取ることができたら、みんなハッピーなのです。

全部、アナタが弱みをさらさないから、うまくいっていないのです。

人生で貧乏くじを引いているな、ワタシはついていないないなという人は、ほぼこの仕組みです。

人は劣等感で愛される

劣等感をもっていることは、じつは、だいたい相手にもバレています。隠すだけムダですし、話したところで「ふーん、それで？」と言われます。自意識過剰も甚だしい。

劣等感はしゃべったり、さらけ出したりすることで、すごくラクになります。最初は恐ろしくて抵抗がありますが、そのうち慣れて、気にならなくなっていきます。

弱みをさらしたことによって、「いやいや、アナタにはこんないいところがあるよ」と教えてもらうこともあるでしょう。

そんなことを繰り返していくことで、気がつけば周りには、敵ではなく自分を受け入れてくれる味方や仲間が増えていきます。

「弱い自分を認められる（肯定できる）人」こそが、ほんとうの勇気があってかっこいい人です。劣等感から逃げていると、【反抗】【悲観】のどちらかの道に一直線です。

できない、抜けている、ダメダメな部分がある人にこそ、周りの人は優しくしたいし、助けたくなる。親近感が湧くのも、そんな人ですよね。

【できない教】から抜け出すポイント

【悲観タイプ】のアナタへ

ネチネチした態度で「ワタシ、仕事ができなくて……」と言ってしまうなど、劣等感を哀れみでアピールするのがクセになっている可能性があります。

その場合、「劣等感をさらす」ことよりも先に、**助けてもらったら「ありがとう」という感謝のコトバを積極的に使う**ことで、相手との関係を再構築していきましょう。

【反抗タイプ】のアナタへ

劣等感が親しみを生むとは考えられず、イジられると烈火のごとく怒り出すことがあります。「イジってくれてありがとう」くらいの気持ちでいきましょう。

また、つねに人と戦っている意識があるため、劣等感を刺激されると、相手をたたきのめしてでも勝ちにいこうとしてしまいます。**自分から弱みを見せて「あえて負ける」「負けるが勝ち」の意識で、劣等感をさらしてみてください。**信頼できる相手から少しずつやってみましょう。

04
「完璧主義」を手放す

【がんばり教】のおもな教義

【がんばり教（べきねば教）】の人は、ワタシは「いけない」「できない」わけだから、そんな自分を正そうと、「○○すべき、○○せねば」といったコトバで自分に厳しいルールを課していきます。

自分を「正すべき存在だ」と思っている時点で、自分は「間違っている」のであり、それ自体が自己否定です。

また、自分が「このままでは足りない」と思っているので、「もっともっと」という思考になっていきます。

【反抗タイプ】は足りないものを手に入れるため異常にがんばり、【悲観タイプ】はそれができない自分にダメ出しをします。そうやって自らココロの土台を壊しながら、条件を積み上げるためがんばり続けるという、自作自演のマッチポンプ状態になります。

これにもさまざまな思い込みがありますが、簡単にいうと、次のようなコトバたちで自分をたきつけています。日本人なら小さいころから言われてきましたよね……。

・もっと「ちゃんと」◯◯するべき・せねば（完全に、一生懸命に）
・もっと「しっかり」◯◯するべき・せねば（メンタル的に強く）
・もっと「きちんと」◯◯あるべき・せねば（整然と、間違えずに）
・もっと「早く」◯◯するべき・せねば
・もっと「役に立つ」べき・立たねば
⇓だから、もっともっと「がんばれ」（過度な努力）

ちなみに、うつの人には、「がんばれ」というコトバは禁句といわれています。

つまり、うつという状態は、この【がんばり教】のたどり着いた先にあるものだと、ボクは考えています。自らの経験も踏まえて。

「完璧主義」とは完璧になれない病

【がんばり教】とは結局のところ、いつまでもどこまでも終わりのない完璧を求める、「完璧主義者」です。

実際のところ、完璧を目ざすことは悪いことではないのですが、「完璧主義」というコトバには「ちょっと〝やりすぎ〟だよ」というニュアンスも込められています。「完璧主義」の人は一見すると、自分を律し、さらなる上を目ざす「スゴイ人」「エライ人」のようにも思えますが、「完璧」を求めすぎるがゆえに、自分にも周りにも厳しく当たってしまいます。

ボクもよく周囲から完璧主義者と言われていました。皮肉を込めて（笑）。

身体を壊してしまうほどに働きすぎるところがありましたし、がんばっていない部下や同僚をネチネチとイジメていました（ただし、がんばっていない上司に対しては、ココロの中だけで罵るというヘタレです)。

「完璧主義者」とは「完璧」を目ざす人ではなく、〝不完全な自分を認められない臆病な人〟です。自分の「欠乏感」「劣等感」「無価値感」といったココロの穴を埋めるために、「完璧」を求めすぎているのです。

そもそも、人間ですから「完璧」なんてありえません。だからこその「主義」止まりなのです。

「ワタシ、全然できていませんから」

完璧主義の人は、いつも自分の不足点ばかりに注目し、「まだ足りない」「もっともっと」と考えています。

どこまで行ってもたどり着けない「完璧」という100点の状態から自分を減点し、「まだ97点」「あと3点足りない」と、いつまでたっても満たされず、自信がもてません。

また「適度でいい」という考えがニガテで、自分にも人にも厳しくなっていきます。

なにに対しても100点を求めていては、自分も周囲も疲弊してしまいます。完璧主義は、仕事でほんとうに必要な場面でのみ発揮すればいいのです。

ちなみに、「いえワタシ、全然できていませんから」という人がいますが、そんな人こそ完璧主義に陥っている可能性が高いです。

完璧主義とは、実際の行動や成果とはまったく関係がありません。「ワタシは〝つねに〟がんばり続けねばならない」と自分を追い詰めていれば、それが完璧主義です。

自分がそんな、隠れ完璧主義に陥っていないか、考えてみてください。

とっととガマン弱い人になろう

【がんばり教】の人は、もれなくガマン強く、ガマンとがんばりを混同しています。

ガマンすることも悪いわけではないのですが、ガマンには「いいガマン」と「よくないガマン」があります。

「いいガマン」は、そのガマンの先に〝自分が目ざすもの〟が明確にあって、〝自分の意思〟で、「ここはガマンのしどころだぞ」と〝一時的〟にするもの。

「よくないガマン」は、ガマンの先に〝自分が目ざすもの〟がなく、〝人目や世間体〟を気にして、漠然と〝いつも〟しているもの。

自分の意思をもって生きるより、他人の目を気にして周りに合わせたり、「フツー・常識」「正義」といった思い込みのもとで、ガマンしたりして生きるほうがラクなのです。

でも、〝自分を大切に、幸せにする〟という〝意思〟なくガマンしていると、間違いなく、そのうち破綻します。

イライラしてくるし、身体は壊すし、物事はうまくいかなくなってくる。自分のためにしているガマンではないから他人に怒りが湧いてきて、攻撃したくなってくる。

幸せとは目的地ではなくてその旅路。だから、「ガマン」の先に幸せがあるのではなくて、「ガマン」さえも幸せ。ほんとうの「いいガマン」なら、そう感じられるはずです。

正解ではなく本音を探そう

「いけない」という禁止や「べきねば」という強制でガマンし、がんばって、自分を縛って生きていると、正解はなにかといつも考えるようになります。「自分の意見や考え」がなくなり、「本音」がまったく見えなくなってしまいます。

そんなときは、こう自分に問いかけてみてください。

「ワタシは、ほんとうはどうしたい？」

最初はなにもココロに浮かばないかもしれません。それでも何度でも聞いてみるクセをつけてみてください。そうすると正解かどうか、ではなく、

「○○がしたい……」

という声が聞こえてくるはずです。

その声は、「いけない」にも「べきねば」にも反することかもしれません。

「ほんとうはこの仕事を断りたい」
「会社をお休みして、ゆっくり旅行したい」
「ほんとうは、上司と争わず仲良くしたい」
「もっと自分を生かせる仕事をしたい」

少しずつ少しずつ、その「したい」という声に勇気を出して従ってみてください。

役に立つコトバ「ま、いっか」

完璧を求めることは、悪いことではありません。でも、それを思い込みではなく、自分の意思で選択できているかどうか、そこがポイントです。

また、**完璧主義の人は「完璧主義を完璧にやめよう」として、それができない自分を否定するというループに陥りがちです。**

その無限ループから抜け出すためにも、完璧主義の人には、このコトバをオススメしています。

「ま、いっか」

がんばりすぎてしまうとき、根を詰めすぎてしまうとき、不完全な自分を認められないとき。背筋を伸ばして、深く息を吸ってみる。そして息を吐き出しながら、

「ま、いっか」

これで、アナタも「完璧」地獄から抜け出せます。

鼻で笑わないでくださいね（笑）。ほんとうに役に立つので、やってみてください。声に出して言うのがポイントです。最後の「かー」で息が抜けて、ホッとできます。

【がんばり教】から抜け出すポイント

【悲観タイプ】のアナタへ

【悲観タイプ】の人は、**「そもそもワタシ、がんばれていないし」と思っています。**その一方、ココロの中では「がんばらなきゃ、がんばらなきゃ」と自分を叱咤《しった》激励し、できない自分を否定し続けています。

このやりすぎでエネルギーを使い切り、強制終了がかかって動けなくなることを「引きこもり」や「うつ状態」というのです。

だから、まずは「ま、いっか」と、自分を許すことから始めましょう。

【反抗タイプ】のアナタへ

【反抗タイプ】の人は、**苦しいながらもがんばれてしまうことが多いです。さらに、そのがんばりを「アタリマエ」と思っています。**他人に「オマエ、もっとがんばれよ！」と腹を立てている時点で、アナタはもう【がんばり教】にハマっています。

人を見てイライラしたときは、「オレ、がんばりすぎているのかも」と考え、あえて休んでみてください。

その「あえて休む」がなかなかできない自分がいたら、それこそが【がんばり教】ですよ（笑）。

覚えておきたいコトバ

3

褒められたら、かならず「ありがとう」で受け取ってください。謙遜はいりません。「ありがとう」とは、相手のためだけではなく、自分のために言うコトバなのですから。

素直に弱みをさらせる人は、周囲が積極的に助けてくれる。
そして助けたほうもうれしい。
それを「すみません」ではなくて
「ありがとう」で受け取れたら、みんなハッピーなのです。

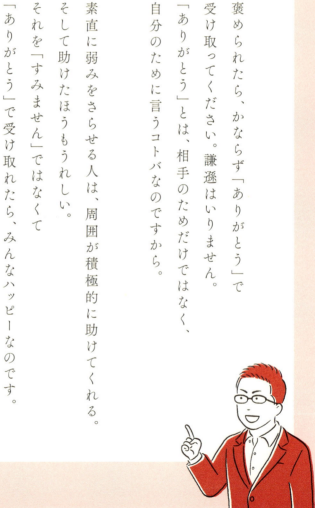

第4章

肯定でつながった「協力の世界」へ

01 タテの関係をやめてヨコの関係を築く

ここまで、「自分を肯定する」方法についてお話ししてきました。自己否定が減り、ココロの土台が整ってくると、世界はアナタにどんどん優しくなってきます。

本章では、それをより実感できるようになるために、今度は自分から世界に働きかける、「他者を肯定する」方法についてお伝えしていきます。

会社に行きたくないのは、そこが「戦場」だから

本書は「会社に行きたくない……」と、日曜の夜に「サザエさん症候群」になってしまう人向けに書き始めました。

ここで初心に立ち戻り、なぜアナタやワタシは「会社に行きたくない……」と思ってしまうのか、あらためてお話ししておきます。

【反抗タイプ】と【悲観タイプ】の関係が、「支配と服従」といった「タテの関係」になるということは、すでにお話ししました。

タテの関係とは、どちらかが勝ちで、どちらかが負けといった争いの関係です。自分を否定していると、相手も自分を否定的な目で見ていると感じるようになっていきます。だから否定されないよう、いつもがんばって争ったり守ったりしなければならない。

また、相手が自分のココロの〝地雷〟を踏んだり、ちょっと自分に優しくないコトバをかけたりしただけで、「自分は攻撃された！」とことさらに騒ぎ立て（【反抗タイプ】）、「嫌われた」とイジケる（【悲観タイプ】）ようになります。

これでは、他人に振り回されまくりです。

ところで、これはなにを争っていたのでしょう？　そう、「ワタシを肯定して～」「認めて～」「否定するな～」と争っていたのでしたね。

でも、それを相手に求めているうちは、ずーっとこの争いは続きます。自分のココロの平穏はいつも相手の言動しだいになってしまい、そこはいつでも自分の身が脅かされる「戦場」となってしまうのです。

職場が戦場だとしたら、行きたくなくなるに決まっています。

まあ、なかには戦うのが大好きな人もいると思いますが、そんな人はこの本をとっとと破り捨て、戦場にシカバネの山を築きに行きましょう（笑）。ただし、自分がそのシカバネにならないように。

ここまで読んできて、自分を肯定することについては、わかっていただけたのではないかと思います。

しかしそのうえで、会社に行きたくないいちばんの理由、「人間関係」を円滑にするためには、「自分を肯定し、他人も肯定するしか道はない」と、第1章で書きました。

人間は「社会的な動物」といわれます。人は社会に安心安全に所属できてこそ、自己肯定感を育むことができます。危険な場所では自分を守ることに必死で、自己肯定もなにもあったものではありません。

今まさにアナタのすぐ横に、戦わなくていい安心安全な世界があります。自己肯定感が低くなっている今は、自己否定をしすぎて、世界や職場を恐れすぎているのです。

そんな世界があるなんて、とても信じられませんか？

アナタの横には安心安全な世界がある

職場で他人を肯定するとは、「仲間意識をつくり、戦場から解放されること」です。

会社でうまくやってる人たちは、肯定と信頼でつながった、平和な**「協力の世界＝ヨコの関係」**にいます。まずは、そんな世界があることを信じてみましょう。

「めんどうくさい」部長を無視する課長

とはいえ、肯定しづらい相手は、かならず会社にもいますよね。

力にものを言わせて言うことを聞かせようとする【反抗タイプ】には、とくにOKを出しづらいですし、まともに相手をすると、むりやり戦いに引きずり込まれてしまいます。

ここでひとつ、ボクが会社にいたころのお話をします。

ボクの部署は、B部長が着任してから恐怖政治状態へと突入しました。

彼はいつもイライラと機嫌が悪く、とても扱いづらい人です。

だれかが意見しようものならひどく不機嫌になり、仕事から外したり、人事評価を悪くしたりと、やりたい放題。カンチガイをした典型的な【反抗タイプ】の人です。

そのため周りは、いつも彼を怒らせないよう戦々恐々としており、気がつけばうちの部署内はイエスマンばかりになっていました。

そこに、ボクの上司としてA課長という人がやってきました。Aさんは自由でひょうひょうとした人でありながら、だれに対しても物怖じしない、自分の意見をしっかりともった人でした。

A課長が来てから数か月後のことです。

ボクのところにB部長がやってきて、「またAのヤツはいないのか⁉ 会議だから早く来いと言っておけ！」と言いました。

ボクは急いでA課長の携帯に電話して「Aさん、やばいですよ、Bさんが激怒していますよ」と伝えたところ、なんとA課長は「ああ、アイツめんどうくさいヤツだから行かない」と、軽く言い放ちました。

ボクは「こんな人が世の中に存在するのか⁉」と、頭をハンマーで殴られたような衝撃を受けました。その後もA課長は、B部長の言いつけを全然守りません。

A課長はそんなことを半年も続け、ついにB部長により別の部署へと飛ばされました。

でも、じつは飛ばされたのではなく、それがA課長の策略だったことはあとで聞きました。自分が異動する先の部署さえも、社内政治力で準備したうえでのことだったようです。その後、Aさんはものすごい勢いでランクを上げ、今や会社どころか業界でもトップレベルの役職に就き、楽しそうに働いています。

何年かあとの風のうわさでは、B部長はなんらかの失態でいずこかへと飛ばされたそうです。

これが、自己肯定感の低いB部長と、自己肯定感の高いA課長のお話です。

他人にOKを出すとは、「慈悲深く、なんでも許し肯定する」なんていう、非現実的なことではありません。

他人にOKを出すとは、その人と戦わないことです。

自分の価値観や正義を押しつけ、相手を裁いているうちは相手と同じレベルです。

もちろん、意見を交わしたり話し合いをしたりすることは必要ですが、こちらが誠意をもって接しても、どこまでも相手が対等なヨコの関係で接してくれない場合は、「あの人にはあの人の立場や考えがあるんだな」「自分とは相いれないけどな」と、自分は戦わない道を選ぶことが、相手を肯定することにつながります。

敵なんかいない、「敵認定」しているだけだ

突然知らない人に「オマエはバカだ」と言われたら、どう反応しますか？

【反抗タイプ】は文字どおり「テメーふざけるな！」と【反抗】するでしょうし、【悲観タイプ】であれば「ワタシ、やっぱりバカなんだ」と悲しくなるでしょう。

しかし自己肯定感の高い人、つまり自己肯定、他者肯定ができる人であれば、「ふーん、アナタはそう思うんだ。ボクは自分のことをバカとは思わないよ」と受け止められると思います。

まあ、ここまで達観した視点にはなかなか立てないかもしれませんが、人生がうまくいっている人、他人に振り回されない人は、このように生きていますし、ボクもこんなふうに生きられたらいいなと思っています。

いつも周りに、「敵」がいっぱいいる人がいます。

会社の上司が「敵」だという人も、たくさんいるでしょう。笑い事ではないでしょうが、奥さん、旦那さんが「敵」だという人も、たくさんいますよね（笑）。


ところで、その人はほんとうに「敵」なのでしょうか？

「敵」とは、「攻撃してきている」「危害を加えてきている」と〝自分が思っている〟人のことです。


それ、アナタのカンチガイではないでしょうか？

痛いところを突かれて、恥ずかしさを「怒り」に変換してしまっているのではないでしょうか？

自分の期待していた形で肯定をもらえなかった（わかってもらえなかった）ことを、逆恨みしているだけではないでしょうか？

自分の価値観と違うものを、勝手に「敵」だと思い込んでいるのではないでしょうか？

相手はもともと「敵」ではなく、アナタが「保身」や「エゴ」や「思い込み」で、「敵認定」しているだけかもしれません。

とはいえ、「いや、絶対、アイツ攻撃してきてるしっ！」と思う場合もあるでしょう。

ただ、ちょっとだけ考えてみてください。

たとえば、最初になにかのすれ違いや思い込みがあって、アナタが相手を「敵認定」したとします。

そうすると「敵だ！　攻撃だ！(怒)」と、アナタの中の【自己防衛軍】が「防衛」のために「攻撃」を始めるわけです。

もし、その相手に「攻撃」したつもりがなければ、相手側もアナタの防衛行動を「敵だ！　攻撃だ！(怒)」とみなして、相手の中の【自己防衛軍】が「防衛」のためにアナタを「攻撃」するわけです。

そうやってお互いがせめぎ合い、「ワタシは攻撃されているのだから、攻撃し返してよい」と思っている、ということはないでしょうか。

その「防衛」が泥沼化してしまい、感情もはちゃめちゃに入り混じって、もう理性が入り込む隙もなくなってしまっている、というのが、今アナタの目の前で起こっている「戦い」であり、「敵」らしきもの、ではないかなと思うのです。

別に相手と徹底抗戦して、完膚なきまでにたたきのめしてもいいのですが、アナタも疲弊するし、戦いはだれのことも幸せにしないのです。

だから、簡単ではないかもしれないけれど、**平和を望むのであれば、アナタが相手を「敵認定」するのをやめるしかない。**


いや、そうはいっても怖いですよ。

相手が攻撃してきていると感じているわけですし、反撃できる正義や権利も放棄しないといけない。

でも、もし世の中で起こっている争いのほとんどが、お互いの「防衛」によって起こっているのだとすると、アナタは自分のことを「否定される人で、守られなければならない人」だと思っているということ。つまり「臆病者」だということです。


大丈夫、アナタは価値のある人です。

争いを終わらせられるのはアナタ、勇気を出すのはアナタ。

【悲観】や【反抗】から抜け出し、自己肯定感を高められるのは、もちろんアナタだけなのです。

争いは同じレベルの者どうしでしか発生しない。このコトバを覚えておいてください。

02 相手の気持ちにまず「共感する」

共感は人間関係におけるテッパンの法則

世の中には、人とよい関係を結ぶ方法が書かれた本が、星の数ほどあります。

ボクもしんどい状況から抜け出したくて、そんな本を山ほどあさりました。

そして今、心理カウンセラーにまでなったボクが、唯一これだけはテッパン！ と思っている、人と友好関係を結ぶための絶対法則があります。

それが**「共感」**です。

「共感」は、「共に感じる」と書きます。自分が相手と戦っている、相手に脅かされているという気持ちでいたら、「共に感じる」のは、ほぼムリでしょう。

悩んでいるとき、傷ついたとき、だれかに話を聴いてもらえるだけでもラクになりますが、「共感」してもらえて、「わかってもらえた！」と思えると、人はとてもうれしかったり安心を得られたりします。

だから、なにはともあれ相手に「共感」することが、相手と信頼関係を結ぶスタートになります。

共感と同意は全然違う

「あんな横暴な上司に、共感できるわけがない！」

そう思うのも当然です。

そのうえで、ひとつ知っておいてほしいのは、**「共感」はしても、「同意」までしなくていいということ。**

人の意見に対して「ワタシもそう思います」と言うのは、「共感」ではなくて「同意」

です。

一方、「共感」とは、相手がその思いや考えをもっていることを「理解」し「肯定」することです。ワタシ自身は、別の意見をもっていても全然構わなくて、「ふむふむ、アナタがそう思うことも理解できます」「ところで、ワタシはこう思うのです」と伝えられればいい。

これをゴチャ混ぜにしてしまうと、相手と意見や価値観が合う合わない、100か0か、敵か味方か、という思考になってきて、職場は敵だらけになっていきます。

「共感」と「同意」は、日常的には意味が重なってしまっているところもありますが、この本では、「共感」とは「理解」と「肯定」のことだと思ってください。

「共感」するうえでの最重要ポイントは、**「アナタの立場になれば、わかる」**ということです。

「アナタの立場」とは、役職や責任や仕事の状態など、その人を取り巻く状況のことをさしますが、この本を読んだ人であればぜひ、**「ああ、この人は自己否定をしているのかも」「愛されていない、肯定がもらえないと怖がっているのかも」「だから【反抗】しているのかも、【悲観】しているのかも」というところまで意識を向けてみてください。**

そこまでできたとき、初めてこの人には「共感」という「肯定」が必要なのだな、ということがわかってきます。

また「同情」というのも、「共感」とはまったく違うものです。「同情」は一見、それほど悪いものではない気がしますが、「上から目線で相手を哀れむ」という意味合いも含んでいます。

【悲観タイプ】に「同情」すると、相手の上に立つことになってしまい、いつまでも「同情」のエネルギーを奪われ続けます。

相手も自分も肯定するためには、結局、「共感」しかありません。

「そうなんですね、わかります」と言ってみる

とはいえ、共感するのは、なかなか難しいものです。自己肯定感が下がってしまい、自分が自分に厳しくなっているときは、より難しく感じるでしょう。

だからそんなときは、このフレーズだけ言えればOK！　これはボクの尊敬する実業家、斎藤一人《ひとり》さんの講話で教えてもらったコトバです。

「そうなんですね、わかります」
「そうなんだ、わかるよ」

たとえば部下が「仕事のプレッシャーが重いです……」と弱音を吐いてきたとします。信じて任せたのに、それほどたいへんな仕事ではないのに、オレのほうが責任が重いのに、まだ大してやってもいないのに、と上司であるアナタは「イラッ」とするかもしれません。

それでも、よい上司であれば気持ちを立て直し、部下を励ますために「いや、オマエならできるぞ」と言うでしょう。

しかし部下は今、弱音を吐くほど自己肯定感が下がってしまっています。

【反抗タイプ】の部下だと、その上司のコトバに「やっぱりわかってくれない！」と思うかもしれません。

【悲観タイプ】の部下だと「やっぱりワタシができないからだ……。もっとがんばらないと、もう上司に頼れない……」と、自分だけで抱え込んで働き続け、パンクするまで気づかない、ということになるかもしれません。

この部下への返事に、「共感」を最初に入れてみるとどうでしょう。

「そうだよなー、わかるよ」⇑四の五の言わずに、とにかく言う
「オレも最初はプレッシャーだらけだったよ」⇑言うとなんとなくいいフレーズが続く
「怖くてなー、トイレでひとりブルってたよ」
「だから、その気持ちもわかるよ」⇑もう一回共感
「いつでも相談に来ていいし、こうやって弱音を吐いてもいいぞ」⇑肯定と協力体制
「オマエならできるぞ、がんばってみろ」⇑やっと最後に激励

あっという間に、【反抗タイプ】にも【悲観タイプ】にも受け入れやすいコトバになりました。

あまり難しく考えず、**まずは「わかる」と言ってみてください。そうしたら勝手に相手を理解する思考になっていきます。**

自分にこそ共感してあげる

共感とは相手を理解し、その考えや気持ちを肯定してあげることです。

ところでアナタは、自分に対して「共感」できていますか?

第3章で書いたような、たくさんの不自由な思い込みや価値観で自分を縛っていると、自分に共感なんてできません。

自分が「怖い」「不安」「しんどい」「焦る」などの気持ちをもっていても、完全無視。「甘えちゃダメだ」「もっともっとがんばれ」「自分でやれ」「できない……」、そんなコトバばかりを自分にかけていては、ほんとうに前を向いてがんばれるエネルギーなんて出てきません。

自分に寄り添わず、自分を理解せず、そして自分を肯定していないのは、アナタ自身なのです。

だから、「怖いよなー、不安だよなー」「わかるよー」と、自分の気持ちに「共感(理解と肯定)」をしてみましょう。そうしたら、そのうち「よしっ、大丈夫だ、がんばろう!」と前を向ける時がきます。

自分が自分をわかってあげる。自分が自分の仲間でいてあげる。

それができている人だけが、ココロの平和を手に入れることができます。
他人の気持ちも理解でき、「そうなんですね、わかります」と、ほんとうの意味で「共感」することができるようになるのです。

とはいえ、自己肯定感の低い人が自分を肯定するのは、なかなか難しいものです。
だからこそ、「人に対して共感し、肯定する」ということの効果の高さを実感することで、自分に共感することの大切さを感じてほしいのです。
人間関係におけるすべての課題は、すべて自分が自分を肯定していくための練習だと思ってください。そうすれば、取り組みがいが出てきますよ!

03 魔法の呪文「褒める」

「悪いとこ探しの達人」だったボク

ボクの会社生活がうまくいかなかった理由のひとつに、「人の悪いところばかりを見ていた」というのがあります。

悪いところを見つけては指摘し、改善させようとする。言っていることは間違っていないのに、なぜ受け入れないのだ！　そして反発を食らい、不毛な戦いへと突入する。そんなことばかりを繰り返していました。

だから、自分の言うことを聞くわずかな人だけを自分の周りにおいて、それ以外は正すべき問題のある人か、怖くて避けるべき敵ばかりになっていました。

当時は、人の悪いところが瞬時にわかりました。そして、わざわざ人前で「オマエのここが悪い」と指摘して優越感に浸る、ということもしていました。そうやって、どうしても人より上に立ちたかったのです。

他方で、やけに手厚く相手の面倒を見てあげたりと、アメとムチのようなことをして、自分から離れていかないようにしていました。これでは疲れてしまいますよね。

褒められたら、人はうれしい。そんなのはアタリマエです。

だから、いいところを見つけて、気軽に褒めてあげればいい。そうしたら人との関係なんて、けっこう簡単にうまくいきます。

「笑顔がいいね」「元気でいいね」「気が利くね」、そんな簡単なコトバからでいい。知っているのとやっているのとでは、天と地ほどの差があります。ぜひいちど、真剣に人を褒めることに取り組んでみてください。

そして、やってみると気がつきます。全然素直に褒められないことに（笑）。

「敵」にあえて負けてみる

会社は、やれ昇進だ、やれ成果主義だ、やれボーナスの査定だ、といった競争社会でもあるので、嫉妬や劣等感が刺激され、なかなか褒めづらいところもあるでしょう。

とはいえ、相手を褒めてよい関係を築けたほうが、仲間も増えて、うまくいくに決まっています。

だから、わざわざ相手と戦って、勝ちにいこう（あるいは、負けにいこう）としなくてもいいのです。


周りの人を褒めるのに慣れてきたら、ぜひ「ニガテな人」「敵認定している人」を褒めることにもチャレンジしてください。

敵だと思っている人のことは、たぶん悪いところしか目についていないはずです。でもその人と戦っているうちは、アナタのココロに平和は訪れませんよね。

そんな人にこそ**「あえて負けてみる」、つまり、あえていいところを探して褒めてみる。**

ハードルが高いので、最初はココロの中で言ってみるだけでもいいでしょう。

でも、もし伝えてみた場合、相手から「ありがとう」なんて好意的な返事が返ってくることがあると、自分の相手への気持ちが一瞬で大きく変わっていることに気がつきます。

「え？　意外にいい人！」「なぜ、あんなに敵認定していたのだろう？」、そんな驚きの経験を積んでいくことが、自分も他人も肯定していくことにつながっていきます。

他人へのダメ出しは自分へのダメ出し!?

相手のいいところを探して褒めることは、自分にも絶大なる効果をもたらします。

人間の潜在意識は、「主語」を理解できません。

つまり、**「オマエはダメだ！」と言っているのは、そのまま「オレはダメだ！」と言っていることと同じです。**だから、とっとと他人を否定するのはやめましょう。

相手を批判してイヤな気分になっているだけでも、身体にいい影響はありません。褒めたら褒めたもん勝ちなのです。

自己肯定感の低い人は、人を褒めたことがないということも珍しくありません。

でも、そんな人に「褒めてみて」と言うと、「お世辞やおべんちゃらを言いたくない」と言います。

人に取り入ろうとして、つまり下に入ろうとして褒めたり（【悲観タイプ】）、人を自分の支配下に置こうとしてウソの褒めを言ったり（【反抗タイプ】）するときは、それが「お世辞やおべんちゃら」になります。

「褒める」という、素直に人を称賛するだけの行為を、そのようにねじ曲げて捉えてしまうこと自体が、自己肯定感が下がっていることの証拠です。

自分は相手とヨコの関係でつながりたいのだ、という気持ちで、ぜひ気軽に「褒め」てみましょう。

「いいとこ探しの達人」にだってなれる！

会社で「悪いとこ探しの達人」だったボクは、今や心理カウンセラーという、人の「いいとこ探しの達人」へと変貌しました。

この能力は、自己肯定感が低かったボクが自らを守るため、他人をよーく観察するようになったことで手に入れたものだと思っています。

相手を、自分を脅かす敵だと思うと、恐れから、その相手の〝弱点〟を探さねばと、短所ばかりに目がいくようになります。

相手を敵ではない、味方だ、と思えるようになれば、その能力は自然と、いいところや長所を探せる方向へと使われ始めます。

だからこそ、まずは相手を味方だと信じて「あえて褒める」、ここから始めてみてください。

04 最強で最高の才能「応援する」

他人に嫉妬したら応援してみる

どんな人にも備わっている最強の才能があります。

このことは、世の中の成功者はみんな知っていますが、残念ながらフツーの人はほとんど気がついていません。


自信がない人、自己肯定感の低い人は、自分の欠点・弱点をなんとか修正しよう、補おうとがんばります。

同時に、相手の能力・才能に「嫉妬」して、「羨ましい」と思います。「ああなりたい」とがんばります。

「ああなりたい」とがんばってみてもいいのですが、「ああなれるかどうか」は、アナタのもともとの資質にかなり左右されますし、がんばってみても、その部分はフツー以下の能力にしかならないかもしれません。

「弱点を補う」ことは取り組んでも構いませんが、その「自分」ばかりに関心を向けるのをやめて、ぜひやってほしいことがあります。それは、これまで書いてきた「人に共感し、認めること」「人を褒めること」とともに、**「人を応援すること」**です。

応援すると才能が集まってくる

みんなさまざまな能力、才能をもっています。

認めて、褒めて、応援してくれる人のところに、人や才能は集まってきます。

アナタだって、自分を応援してくれたら、その人と仲良くなりたいと思いますよね。その人のために自分の才能を使いたいと思うでしょう。

そして、自分のもとに来てくれた人に、自分の今もっている才能で応えることができたら、こんなにうれしいことはないのです。


人を使う器のある人、大きな成功を収める人は、人のいいところを認めて褒めて応援することができる人です。

その人が能力や才能で一番だから、成功しているのではないのです。


社長さんはその会社で、あらゆる分野で能力が一番でしょうか。

営業力のある人、技術力のある人、事務処理能力のある人、そんな人たちを「お、アナタそれ上手だね」と認めて褒めて、「じゃあ、ぜひリーダーになってもらおう」「キミならできる」と役職やお給料をあげて「応援する」。

だから、みんながその人の成功のために集まり、働いてくれるのです。その一方、社長はみんなに「応援され」、社長としてがんばれる。

幸せな会社は、社員がみんなで応援し合っています。

職場でうまくやっている人を観察してみたら、かならずこれをやっていますよ。

応援すると「敵」が仲間に変わる

応援すると、応援される人になります。そこには感謝と笑顔が循環し始めます。**応援し合える人どうしを、ほんとうの「仲間」といいます。**仲間になれたら、もう争い競い合う敵ではありません。仲間には素直にココロを開くことができ、信頼し、協力できる関係になっていきます。

応援といっても、なにも大げさなことをやれといってるわけではありません。

「がんばってるね」
「応援してるよ」
「アナタならできるよ」
「スゴイね、よくやってるね」
「ワタシもアナタみたいになりたいわ」
「なにか手伝えること、あるかな」

こんなコトバがけだけで十分です。それだけでアナタは、応援してくれる仲間を手に入れることができます。

応援されると、「自分には価値がある」と思えるようになります。

応援できる自分に対しても、「相手に勇気や力を与えられる自分には、価値がある」と感じられるようになります。

自己肯定感の低い人、劣等感の強い人、アナタはすでに「認める」「褒める」、そして「応援する」、そのための能力をもっています。

そして、これが最も大事なこと。

他人だけでなく、自分を応援できる人になりましょう。

「オレ、がんばってるな」「応援してるよ」「ワタシならできる」「スゴイよ、よくやってる」。そんなコトバを自分にかけてあげることが「自己肯定感を育む」ということです。

05 「貢献」できる自分には価値がある

「ありがとう」と言われる働き方をしてみる

人間が最も幸福を感じる行いのひとつが、「人の役に立つこと」です。

人の役に立てている自分は、価値があると思えますし、人とのつながりも感じられます。

だから、ぜひ自分に余裕ができてきたら、**今度は相手に「ありがとう」と言ってもらえるような仕事の仕方をしてみましょう。**


最初は簡単なことからでけっこうです。

「手伝えること、ありますか?」と周囲に聞く。職場で元気よく挨拶する、書類に付箋で「おつかれさま」と貼りつけて渡すといったことも貢献になります。これまでお伝えした褒めも応援も、全部貢献です。

世界中の成功した事業家やビジネスマンたちは、ほぼ例外なくボランティアや寄付、または、社会への貢献度の高い仕事へとシフトしていきます。

「お役に立つ」、それが、社会で生きる人間が、自分を肯定するために最終的にたどり着くところです。

自己犠牲による貢献は自己否定!?

ボクのクライアントさんには、かなりの割合で看護師さんや介護関係など対人介助の仕事をしている人がいます。なかなかしんどいお仕事ですが、社会貢献度はすごく高い。

そんな貢献度の高い仕事をしている人が、どうして自己肯定感が低いのだろうと思うかもしれません。ここに、「貢献」のワナがあります。

「貢献するのはいいこと」という、社会の共通認識があります。

自分もそんな社会の期待に応えたい。だから、ちょっとムリをしてでも、がんばってしまう。そのうちしんどくても苦しくても、イヤなことがあっても、「人の役に立つことはいいことだ」と自分を欺き、本音を隠してがんばり続けてしまう。

自分を欺くことは、自己否定です。

貢献できると褒められますし、自分で自分も認められます。でもこれは「②条件による肯定」（29ページ参照）です。

「①無条件の肯定」であるココロの土台をグラグラに傾けてまでも、肯定を求めて「貢献」してしまうカラクリがここにあります。

自分のココロの土台の傾きのスキマを「貢献感」で埋めようとしていませんか？

【がんばり教】の教義にも、「人の役に立たねばならない」がありましたね。これにハマってしまっていませんか？

貢献のワナにハマらないポイントは、自己犠牲をしないことです。

ココロの土台を整えながら、自分にできる範囲で、人に貢献していきましょう。

06

時には「あきらめる」

「言わないでわかってもらおう」をやめる

ものすごくアタリマエのことですが、願っても祈っても、テレパシーでもなければ自分の思いは人には伝わりません。

【悲観】【反抗】の人はスネてイジケている「認めてちゃん」「わかってちゃん」だと書きました。つまり、いつも「言わないでわかってもらおう」としています。

だから、**ちゃんと「言う」。**

しかし、**「言う」と「伝える」は違います。**

スネてイジケた、ねじ曲がったコトバは伝わりません。

自分の本音を素直に、相手を否定・攻撃することなく、アナタとは仲間になりたいのだという気持ちで「伝える」必要があります。

相手への「期待」を手放す

ただ、素直に伝えれば相手に伝わるか、といえば、そんなことはないかもしれません。

「共感しても」「褒めても」「応援しても」「貢献しても」「伝えても」、なにをしても、思うようにいかないこともたくさんあります。相手がスネてイジケていれば、なおのこと。

だから、相手への「期待」を手放してください。


ここまで書いてきた、人間関係における働きかけのすべては、他人を操作するためのものではありません。

いつでも人とよい関係を結べる自分がいる、ワタシは他者に脅かされる人ではない、という自分への信頼をつくり、自己肯定感を育てるために取り組んできました。


だから、「期待」はこれからの自分自身にするのです。

期待を手放すときは、このコトバが有効です。

「ま、いっか」

つぶやきながら、気楽に取り組んでみてください。

まあ、それでも相手に「期待」してしまいますけれどね(笑)。それもOKです。

やらねばならない仕事の取り組み方

イヤなことはイヤと言ってみた。ニガテなことをニガテだと主張してみた。でも、仕事だから、思うようにはいかないこともあるでしょう。

そんなときの仕事の取り組み方には、2つの姿勢があります。

①　自分の意思で、主体的に取り組む。

②　自分の意思に反して、イヤイヤ取り組む。

「よし、ここは仕方がない。あきらめて（明らかに観て）がんばろう」「この仕事から学べるものを学ぼう」といった主体性をもって取り組むのか、それとも、意識も肉体も自己犠牲をしながら、【悲観】し、【反抗】して取り組むのか。

【悲観】し【反抗】して取り組んだならば、自己肯定感がガタガタになることは、これまでお話ししてきたとおりです。

07 相手との「境界線」を意識する

境界線を保たないと自己肯定感は育たない

さてここまで、人を肯定したり、褒めたり、応援したりすることで、「仲間意識をつくり、戦いから降りる」ことを意識してきました。

そんな安心安全を手に入れることができると、自己肯定感はグーンと育っていきます。

しかし、いかに相手と友好関係を結ぼうとしたところで、アナタの周りには、まだまだ【反抗タイプ】や【悲観タイプ】の人もうじゃうじゃいるわけです。アナタ自身もまだ脱しきれたわけではないでしょう。

【反抗タイプ】は怒りや嫌みによる支配、【悲観タイプ】は哀れみと、どちらも罪悪感を植えつけることで、アナタの領域を侵したり、肯定を奪い取ったりしようとしてきます。

褒めたり、応援したりすることで、ヘンにカンチガイをして「もっとクレクレ」と寄ってくるヤカラもいることでしょう。

もちろん、そんな相手さえも敵認定せず、信じて仲間になろうとする意識は、自己肯定感を育むのにものすごく重要なのですが、領域侵犯されたまま、させたままでは、アナタは安心安全を手に入れられず、自己肯定感も育ちません。

自分の領域を守り、また自分も人に介入しすぎて領域を侵してしまわないように、**自分と相手との間には「境界線」があることを意識してみましょう。**

「よかれ」で境界線は侵される

アナタの会社がブラック企業でもない限り、じつはそんなに悪い人は周囲にいないはずです。

たとえ争ってしまっても、たまたま仕事に対する「価値観」や「正義」「利害」が一致しなかっただけ、というのが実際のところでしょう。

そんな争いによって境界線が脅かされる場合は、わかりやすくていいのですが、じつは、フツーの境界線の侵され方はとてもわかりにくいものです。

なぜなら、**相手は「よかれ」と思って、こちらに踏み込んでくるからです。**

【反抗タイプ】も【悲観タイプ】も、相手の面倒を見ることで、自分の自己肯定感の低さを埋めようとします。簡単にいえば「おせっかい」ということ。

ボクの例でいえば、後輩を「オマエのために言ってるんだからな」という名目でお説教することがありました。しかも延々と何時間も、です。

当時のボクに悪気はありません。それどころか、「忙しいなか、自分の時間を犠牲にしてまで、後輩に仕事とはなにかを説いてあげるいい先輩」くらいに思っていました。

これが、劣等感の強い【反抗タイプ】が、相手を使って優越感を得ようとする、「よかれ」の境界線越えです。

よく考えてみれば、その後輩も自分がダメでできないことを訴えてくる【悲観タイプ】でした。見事にタテの関係でつながっていたわけです。

隣のオバチャンも「おかず、つくりすぎちゃったから食べて」と、よかれと思ってお鍋を抱えてもってくるのです。上司もよかれと思って、アナタに心配や介入をしてくるのです。

その「よかれ」、断ってもいいんですよ。

もちろん、共感や感謝をしてからですけれどね。

あの人の感情はアナタのせいではない

相手に境界線を越えさせないため、また、自分が無意識に越えてしまわないために必要なことは、ほぼ次の2つだけです。

「人の感情の面倒を見ない」
「自分の感情の面倒は自分で見る（人を使って、自分の感情の面倒を見させない）」

カウンセリングをしていると、「人の機嫌をとること」が人生の目的となってしまっている人によく出会います。

たとえば、それが母親だったとします。イライラしている母親を見て、いつもその感情の面倒を見ようとしてしまいます。

「お母さん、どうしたら怒らないでいてくれるかな……？」

「どうしたら機嫌がよくなるかな……？」

そして、そのまま大人になって、

「上司がイライラしてる、どうしたら怒らないでいてくれるかな……？」

「旦那が怒ってる、どうしたら機嫌がよくなるかな……？」

相手は、相手の都合で勝手に怒っているのです。勝手に機嫌が悪いのです。

その怒り、きっとアナタのせいではありません。たまたまそこにアナタがいて、その矛先になっただけです。

そしてアナタは、アナタの都合で不安になっているのです。不安の多くは過去の投影であり、そのほとんどは自分の内面の問題です。

また、自分の不安を解消するために相手を変えようとすることは、相手にとってもいい迷惑です。

彼らには怒る権利も悲しむ権利もあるのです。だから、アナタがそれを取り除こうとしなくていい。

「怒り」とは「その人の正義」なので、「怒らないで……」「怒るな！」と、「怒り」を取り除こうとすることは、その人を「否定」することと同じです。だから、なんとかしようとするのはやめておいたほうがいい。

さらに、なぜ機嫌が悪いのかについては、考えてもほぼムダです。

そこには、こちらがうかがい知れない、さまざまな要因が入り混じっており、アナタが機嫌をとろうとすればするほど、たいていはとばっちりを食らい、痛い目にあいます。

アナタにできることは、相手の怒りと自分の不安への「共感」だけです。

「怒ってもいい」

よくある【いけない教】の思い込みで、「怒ってはいけない」というものがあります。

幼い日に感情的な親に育てられてきたり、先生に理不尽に怒鳴られたりしたことで、「怒る」ことが悪いことのように思われて、自分の中で禁止・封印します。

「絶対怒っちゃダメ！」と自分を押さえつけているので、怒りをためてしまい、結果として激しく爆発してしまいます。心当たりのある人、いますよね。

これはつまり、「親や先生に反抗し続けている」【反抗タイプ】のまま、生きているわけです。


「怒り」とは、本来は「防御」のためのエネルギーです。つまり【自己防衛隊】。

しつこく踏み込んでくる人、それは違うなと思うときには、「NO！」と意思表明するための力が必要になります。パワハラ、セクハラ（セクシャルハラスメント）をされそうになったときも、「NO！」と言って、はねのける必要がありますね。

境界線を引くには、かならず適切な「怒り」が必要です。

アナタがおとなしい人で、どうも周りにナメられているなと思うようであれば、時には「できません！」と、ちょっとキレ気味に怒ってみてもいいのです。

そのときは【反抗】ではなく、自分の意思で「怒り」を使ってみてください。

自己肯定感が低く、境界線を越えられがちな【悲観タイプ】の人は、**「怒ってもいい」**というコトバをぜひ覚えておいてください。

嫌われるべき人には嫌われよう

この本を読んでいる人たちのなかには、みんなにいい顔をしようとしていたり、親切にしなければと思っていたりする人も多いのではないでしょうか。

悪口を言ってきたり、嫌なことをしてきたり、アナタを雑に扱ったりする人にまで、

「どうしたら、この人にわかってもらえるのか」

「どうしたら、あの人の機嫌がよくなるのか」

「あの人を傷つけたみたい、迷惑をかけたみたい。ワタシが悪いのではないか……」

と考えている。

いや、その人、悪口を言ってきたり、嫌なことをしてきたり、アナタを雑に扱ったりするようなレベルの人ですからね。

そんな人に気に入られようとしたり過剰反応したりしていたら、向こうの思うツボ。

ボクもアナタも、もっと人を幸せにできる人で、「ありがとう」を循環させられる人なのです。だから、そんな人に執着しているのは、時間のムダです。

嫌ってくる人の思考や波動に惑わされたら、ココロの土台は崩れていきます。

嫌ってくる人とアナタの価値とは、なにも関係がない。
嫌われるべき人には、ちゃんと嫌われよう。嫌われる覚悟をもちましょう。

そして、ここからが本題です。

人が自分を嫌うことにＯＫが出せると、自分が人を嫌うことにもＯＫが出る。人を嫌うことに罪悪感を覚えなくなります。

「だって、嫌いだもん。だって、気に入らないんだもん」

「それが上司だろうが、お客さんだろうが、親だろうが古い友人だろうが関係ない！」

「嫌いな人は嫌い、イヤなことはイヤ」

それをちゃんと認められることが、人との境界線をしっかり保つことにつながります。


また、**「嫌い」と「悪い」は違います。**

相手を「悪い」「間違っている」と裁いているときは、それは自分の感情の「肯定」ではなく相手への「評価」であって、アナタ自身が「思い込み」に振り回されています。

人を「嫌い」という気持ちも、大切な感情です。しっかり見極めてください。

嫌われるべき人には、ちゃんと嫌われましょう。そうすれば「自由」が手に入ります。

つまり、「自由」はアナタの決定に委ねられているということです。

過去の人間関係から「卒業」する

自己肯定感が育ってくると、通常は人間関係がよくなっていくのですが、一時的に悪くなることもあります。

でも、そんなときも焦らないでください。それ、「朗報」ですから。

自分の考えにOKが出せたり、自分には価値があると思えるようになったりすると、相手の要求を断ったり、相手に「意見」を伝えたりできるようになっていきます。

そうすると、【反抗】や【悲観】のエネルギーでつながっていた、これまでの人間関係の居心地が悪くなります。ヨコの関係でフラットに人とお付き合いしたくなり、言動や態度が変わってきます。

しかし、相手には、

「アナタ、そんな人じゃなかった！（怒）（泣）」

「生意気になった！（怒）」

「オレの言うことを聞いていればいい！（怒）」

「もう知らない！（泣）」

と捉えられてしまう。だから関係が悪くなる。

でもそれは、アナタが「自由」を手に入れていくためのプロセスです。ちょっぴり悲しみもありますが、もう、その人たちとはお別れしていいころです。

そのなかには自然と疎遠になり、気にならなくなる人たちもいますが、会社という固定された組織の中の人や、仕事上どうしてもつながりが切れない人、昔からの腐れ縁、肉親といった人たちとは、つながり続けざるをえないこともあります。

しかし、アナタがその人たちを変えようとしたり、戦ったりしてはいけません。人を変えようとすることは、その人への「否定」で、自らをまたダークサイドにおとしめる行為です。

だからアナタが、その関係から去りましょう。その勇気をもちましょう。

その人たちはアナタをタテの関係につなぎとめようと、あらゆる手を使って阻止してくるかもしれません。そのほとんどは怒りによる支配と、哀れみによる罪悪感の植えつけでしょう。

しっかりと見極めてください。一時的には痛みをともなうかもしれません。でも、もうアナタのステージは変わったのです。

ブラック企業やパワハラ上司、そして過去のつながりたちに、自分から新たな境界線を引きましょう。

「逃げてもいい」

人間関係を整理して、アナタはのびのびと活躍できるところで、しっかりと花を咲かせてください。それが、自分を大切にし、肯定するということです。

覚えておきたいコトバ

4

自分が自分をわかってあげる。
自分が自分の仲間でいてあげる。
それができている人だけがココロの平和を手に入れ、
他人の気持ちにも「共感」することが
できるようになるのです。

相手は、相手の都合で勝手に怒っているのです。
その怒り、きっとアナタのせいではありません。
アナタにできることは、
相手の怒りと自分の不安への「共感」だけです。

第5章

「敵認定」している人との付き合い方

本章では、アナタが自己肯定感を育みながら、「敵認定」していた人たちと付き合っていく方法について、よくある7つのケースを例に解説していきます。

01 上司が細かい粗ばかり指摘してきてウンザリする

ワタシの上司は、部下の努力に対する評価や感謝のコトバはまったくないくせに、書類の漢字の間違いなど、細かい粗ばかり指摘してくるので、腹が立ちます。とはいえ、言っていることは正論であるだけに、反論もできません。どのように付き合っていけばいいのでしょうか?

せっかくがんばっているのに粗ばかり指摘されると、やる気も失せてしまいますね。ただ、この本を読んできたのであれば、その自分の気持ちには「そうだよな、やる気なくして当然だよ」と共感しながら、2つの視点をもってみましょう。

ひとつは上司が、もうひとつは自分が、自己肯定感が低くなっている、つまり自己否定

や思い込みにとらわれているのではないか、と想像するところからスタートです。

かりに上司が【悲観タイプ】であれば、仕事がうまくいかないことを恐れ、細かいことばかりが気になるのかもしれません。恐れから自己保身的な思考になり、人を認めたり褒めたりする余裕もないのかもしれません。

幼い日から自己肯定感をくじかれて育ってきたのであれば、そもそも上司自身に「人から認められた」という経験も少ないのでしょう。そうだとすると、アナタを「認める」という発想さえももっていない可能性があります。

また【反抗タイプ】ならなおのこと、人を認めると「負けた」と感じてしまい、抵抗があるのかもしれません。

一方、アナタは、そんな小さなミスよりも、自分のがんばりを「見てほしい、評価してほしい」わけです。まずは、それを素直に伝えてみてもいいのではないでしょうか。

「もっと認めてほしい、評価してほしい」と、上司に素直に言えますか？

言うことに対する抵抗が強いのだとすると、それ自体が「甘えてはいけない」「どうせわかってもらえない」という、スネた思い込みの中にいる証拠かもしれません。

たとえば、昼食に誘ってみてもいいですし、飲み会の席でも構いません。仕事からちょっと離れた場所で、「ワタシのいいところを教えてください」「ワタシは褒められて伸びるタイプなんです」、そんなアピールを気楽な気持ちでしてみましょう。「○○さん（上司）は、こういうところがいいですね」というコトバも、付け加えられたらいいですね。

上司がアナタを褒める機会を与えてあげることも、上司の自己肯定感を育みます。

ミス自体は実際にあるものですから、指摘は「ごもっとも」と受け止める。これと、努力を認めてくれないことは、また別の課題です。

まあ、ネチネチ言われたらだれもがイヤだと思いますが、自分と上司、お互いの自己肯定感を育みながら、「ムッツリ上司を笑顔にするゲーム」などと考えて取り組んでみると、楽しくなってきますよ！

【悲観タイプ】のアナタへ

上司がこのように振る舞ってしまうのは、上司自身の問題です。「ワタシが悪いから上司の機嫌を損ねているのでは？」と背負いすぎて、「もっともっとがんばったら認められる」と、【がんばり教】に走らないように。

【反抗タイプ】のアナタへ

まずは「ひどい上司だ」というレッテル張りをやめてみます。相手を敵認定すると、悪いところばかりが見えてきてしまいます。「相手には相手の都合がある」「これでも悪気はないのだ」「ま、いっか」と、いちど肯定し、信じてみましょう。

02 上司に意見を言うと激怒され扱いに困る

指示に対して自分の意見を述べると、「黙って従え！」と尋常ではないキレ方をしてくる上司がいます。こちらは別に責めているわけではないし、うまく付き合いたいと思っているのですが、いつもイライラしているので、扱いづらくて困っています。

キレる人は【反抗タイプ】で、劣等感が強く、自分が否定されることを過度に恐れています。

こういう人に、正そうとしたり、反抗的な態度をとったりすると、確実にアナタは敵認定され、目のカタキにされてしまいます。役職が上の人ににらまれたくないですよね。

また過度に恐れたり、腫れ物に触るような態度をとったりしても、「バカにされている」「オレが悪いっていうのか」と腹を立てます。とにかく、めんどうくさい。

ですから、フラットなヨコの関係をできるだけ意識しつつ、「ワタシは敵ではない」と認識してもらえるように接していきましょう。

上司が落ち着いているときや、ポジティブ状態でいるときに、「ありがとうございます」「勉強になります」「○○さんのおかげです」などのコトバがけで上司の自己肯定感を育みながら、友好関係を築いていけるといいですね。意見を聞いてもらえるようになるのは、それからです。

キレる人は怖いですが、アナタがとるべき基本スタンスは「相手の感情の面倒を見ない」ことです。

上司がキレるのは上司の問題であって、アナタの問題ではない。

アナタが否定されているのではないし、アナタの価値とも関係ない。怒りたい人は怒らせておいてあげましょう。

別に上司と友好関係を結ぶ必要がなければ、境界線を意識してテキトーに受け流しましょう。

また、**「怒っている人は困っている人」と考えてみましょう。**

上司は自分の悲しさや寂しさといった気持ち、自分が部下に大きな声を出してしまうふがいなさなどをわかってもらえず、困っているのです。

そう考えると怖さも減ってきますし、この人をどうサポートしたらよい関係が築けるか、という視点をもつ余裕も出てきます。

【悲観タイプ】のアナタへ

高圧的な人には服従してしまいがちですが、過度に恐れたり怖がったりすると、それはそれで、上司は自分が加害者にされたように感じ、火に油を注いでしまいます。どうしても怖いなら、できる限り接触を最小限にして、逃げてもヨシです。

「怖さ」はぜひ、ネガティブ感情の肯定法で感じてみましょう（72ページ参照）。続けることで自分の感情も扱えるようになり、上司へのニガテ意識も薄れていきます。

【反抗タイプ】のアナタへ

すぐに戦闘スイッチが入ってしまうと思いますが、戦わないよう積極的に「負けて」みましょう。「負けるが勝ち」です。自分の意思で負ける選択ができることが、自己肯定感があるということです。腹が立ったらその感情は否定せず、カラオケやスポーツなど、別のところで発散してください。

03 同僚たちが優秀で劣等感を覚えてしまう

新卒入社から半年たちましたが、同期が優秀な人たちばかりでつらいです。有名大学卒だったり、バイリンガルだったり。もちろんみんな仕事もバリバリとこなし始めており、先輩にもかわいがられ、とても羨ましいです。みんなに劣等感を覚えてしまい、置いていかれるのではないかと焦っています。

スタートラインが同じだった同期に置いていかれると、自分には実力がないのではないかとへこみますよね。

しかし、自分に劣等感を覚えてダメ出しすればするほど、自己肯定感は不安定になってしまい、よけいに空回りしてしまいます。

ですから、まずは**「そうだよなー、へこむよなー」「当然だよ」「わかるわかる」と、自分自身の気持ちに寄り添ってあげましょう。**自分の気持ちに十分に共感してあげると、そのうち落ち着いてきて、少し前向きな気持ちも出てきます。

さて、ここでちょっと状況を客観的に見てみましょう。有名大学卒であることや、バイリンガルであることは、「仕事ができること」とは、じつはあまり関係がないかもしれません。

「自分が劣っている」と感じたことで、相手を過度にタテの関係の上に置いてしまい、必要以上に【悲観】してしまっているのかもしれません。

同期に嫉妬や劣等感を覚えてしまうと、どんどん仲間から外れてしまいます。そんなときは、「劣等感をさらしてみる」のがいちばん効果的です。

「みんなに置いていかれてるって思っちゃってさー」と伝えてみると、きっとみんなの優しさを感じられます。

「オレら仲間じゃん」と言ってくれたり、「○○君って、いつも場を明るくしてくれるじゃない」とアナタの魅力を教えてくれたりします。

しかも周囲に優秀な人がたくさんいるのは、じつはアナタにとってチャンスなのです。周囲を頼り、周囲から学び、「ありがとう」と感謝しながら、自分の優越性でその人たちを助けることで、一緒に成長していきましょう。

【悲観タイプ】のアナタへ

「どうせワタシは劣っている」という目で見ると、「やっぱりみんなは優秀だ……」という【悲観】的な世界が見えてきてしまいます。イジケて「自分はダメだ」に逃げ込まず、怖がらずに自分の弱みをさらしてみましょう。**弱みを見せられる人に、人は親近感が湧くものです。**

【反抗タイプ】のアナタへ

同期入社の人たちは、ほかにはないご縁やきずなで結ばれた仲間です。そんな人たちに嫉妬したり、「どうせオレなんて」とスネたりと、【反抗】的な態度をとる必要はないかもしれません。意地を張ってしまいがちですが、積極的に「助けて」「教えて」と伝えてみましょう。

04 仕事のプレッシャーに押しつぶされそう

新しいプロジェクトのリーダーを打診されました。ありがたいお話なのですが、自分にこんな難しい仕事ができるのかと不安です。上司は「オマエならできる」と言ってくれていますが、なかなかそうは思えません。仕事なので逃げ出すこともできず、プレッシャーに押しつぶされそうです。

まず、**「不安」や「怖さ」という自分の感情に気づけていることは、とても大切なことです。**

変に強がって、怖さに無自覚なまま仕事を進めていくと、知らず知らずに怖さを避けてしまうため、なぜだか決断できない、なぜだかうまくいかない、ということが起こります。

ですから、「『不安』に気づけてＯＫ！」と自分を肯定してみましょう（71ページ参照）。

ところで、プレッシャーとは「自分が追い込まれている」という圧力を感じる、ということですよね。だからいちど、その圧力を弱めてみます。

「仕事なので逃げ出すこともできず」というのは、ただの思い込みです。

最初から退路を断つと、逃げ道がなくなり、気持ちが追い込まれてしまいます。

「まあ、逃げてもいいか」「上司をガッカリさせてもいいか」「だって、怖いんだもん」といったコトバを口に出してみると、少し気持ちが緩みます。

落ち着いたら、やることをノートに書いて明確化してみます。

仕事の全体像、目標の明確化、今やれることの整理、不確定なことの整理、現時点での課題などを書き出してみる。

人は見えないものに恐怖を感じるものです。不安で膨らんでしまった妄想を明確化することで、「なんとかなりそう」と思えるようになってきます。

高すぎる目標設定も、いくつかのステップに小分けにすることで、「できるかも」と感じられるようになります。

あとは安全の確保ですね。「怖いながらも、がんばってみるよ」「だから、みんな助けてね」と伝えることで、周囲との仲間意識を育ててみましょう。プレッシャーもみんなで背負えば怖くない、です。

「ワタシのどこを評価して、この仕事を任せたのか」ということを上司に聞いてみるのも、自己肯定感を取り戻すのに効果的です。

リーダーとしてがんばりたい自分もいるが、自信がなくて怖がっている自分もいる。ココロの土台がグラついていると怖くて前に進めません。だからこそ、自分の自己肯定感を育てていく必要があるのです。

【悲観タイプ】のアナタへ

人の頼みを断れない人が多く、自分のできること以上の仕事を引き受けてしまうことがあります。まずは打診されただけですから、「断ってもいいんだよ」と自分に伝えてあげましょう。

そして、周囲がどう思うかではなく、「ワタシは、ほんとうはどうしたい？」と自分に聞いてみてください。その答えに従うことが、自分を肯定するということです。

【反抗タイプ】のアナタへ

自分のプライドを保つために、「失敗してはいけない」「強くあらねばならない」という強い思い込みにとらわれているかもしれません。「失敗してもいいや」「弱音を吐いてもいいよ」と、自分に伝えてあげましょう。歯を食いしばるのは、いざというときだけでいいのです。

05 使えない部下ばかりで手間が増えて困る

スタッフが使えない人たちばかりです。いつもこちらの指示以上のことはやりません。もっとアイディアを出すなど、積極的に仕事にかかわってほしいのですが、言えば言うほどワタシの手間が増えて、困っています。

スタッフを動かすのって、なかなかたいへんですよね。ボクも似たような状況だったので、よくわかります。

そのうえで言いますよ。

「オレがいないとコイツらなんにもできない」と思っていませんか？

ボクはこれを【自分がいないとダメシステム】とよんでいます（笑）。

仕事の人間関係がうまくいかないときは、自己肯定感が落ちているときです。【ダメシステム】がつくられたのは、スタッフよりつねに優位な立場に立つことで、自分の劣等感や恐れを隠したいと思っているからかもしれません。失敗するのが怖くて、本来、部下のするべき仕事まで奪ってしまっているのかもしれません。

仕事を奪われたうえに、「使えない人」という目で見られ否定ばかりされたら、スタッフの自己肯定感はダダ下がり、指示以外のことはやらなくなるでしょう。

でも、そうなってしまったのは仕方がない。それに気づいたら、まずは「オレ、よくひとりでやってきたよな」「がんばってるね」と、自分をねぎらってみてください。

そして、現状に【悲観】や【反抗】をせず、勇気を出してスタッフを信頼し任せてみたり、「感謝」を表明したり、「応援」したりすることで、仲間意識をつくっていってください。

もし「人に頼ってはいけない」という思い込みがあるようなら、積極的に頼るようにしてください。**人に頼るときのコツは、「できるだけ自分でやってから」を手放すこと。自**

分のできることだからこそ、人にやってもらってください。

自分ができるギリギリまでやってしまうと、部下はその「お手伝い」になってしまい、必然的に指示待ちにならざるをえません。また、自分でギリギリまでやっているだけに、「部下がやって当然だ」という意識になり、よけいにイライラしてしまうという悪循環になります。

できることだからこそ頼る。スタッフに振ることで、自分にも余裕ができていくし、スタッフの自主性も生まれていきます。

アナタの仕事は「自分とスタッフの自己肯定感を育むこと」です。その方法はこの本に書きました。具体的なビジネス手法は、ほかの本に譲ります(笑)。

【悲観タイプ】のアナタへ

スタッフに任せるのが怖くて「ワタシがやらなきゃ、ワタシがなんとかしなきゃ」と、背負いすぎています。「なんでも自分でやらねばならない」という思い込みを外して、できなくて弱い自分を開示し、しっかり助けてもらってください。そうすれば、ほんとうの感謝も生まれます。

【反抗タイプ】のアナタへ

すでに職場にはアナタの支配や命令がはびこり、スタッフの自己肯定感はガタガタかもしれません。その場合は、いちどスタッフに謝罪することも必要です。友好的なスタッフもいると思いますので、そんな人たちとコツコツと自己肯定感を育みながら、「共感」や「信頼」「応援」の輪を広げていってください。

06 どうしても部下を強く怒ってしまう

スタッフへの怒りのコントロールができません。いつも怒らずに接していこっと心がけていますが、スタッフが思うように動いてくれないとイライラし、ある日ドカンと爆発する、というのを繰り返してしまいます。そのうちパワハラで人事部から指導されるのではないか、と心配です。

「怒り」って、なかなか言うことを聞かないですよね。

なぜアナタが爆発してしまうかを簡単にいうと、**自分の「怒り」という感情を「否定」しているからです。**つまりアナタは、「怒ってはいけない」という思い込みに縛られています。

スタッフに対して「怒り」が出てくると、いつも無意識に「怒ってはいけない！」と、その「怒り」を禁止・抑圧します。

しかし、その「怒り」は身体に残り、いつまでもくすぶり続けています。

そして、同じような場面で、何度も怒りが出てくるたび抑圧し、たまってたまってたまって、いつも喉元ギリギリまで出てきていて、カッカッの状態になる。

そこにスタッフが「ささいなミス」などを起こすと、ギリギリまでたまっていた「怒り」が過剰に反応し、「ドカ〜ン！」と爆発する、という至極わかりやすい仕組みです。

しかも怒ったあと、「また、やってしまった……」「どうしてこんなふうに……」と、さらに自分を「否定」し、より「怒り」を禁止・抑圧・嫌悪する方向へと向かっていくという無限ループにいるのです。

だからアナタがすべきなのは、**「怒ってしまう自分への『否定』をやめること」**。これ一択です。

「怒ってもいいよ」
「怒っちゃうのもしょうがないよね」
「大きな声を出しちゃうこともあるよね」
「わかるわかる」
「人間だものね」

と、自分への否定を手放し、許す。

そうすることで初めて、「じゃあ、どうやったら、怒らないでいられるのかな」「あの本に書いてあった方法を試してみようかな」と、まともな方向へと考えを向けることができるのです。

【悲観タイプ】【反抗タイプ】のアナタへ

「怒ってはいけない」という思い込みがある人は、感情的な親や先生に怒りで支配されてきた人が多いはず。

でも、アナタは大丈夫です。「怒ってはいけない」というのは、「みんなに優しく接したい」「怒ったり、ひどいことをしたりしたくない」という思いの表れなのですから。

だから怒ってしまう自分を、それでも大丈夫だと「信じて」ください。

そして、怒ってしまったあとは、自分を責める暇があったら、「ごめんね」とスタッフに謝罪やフォローをするようにしてみてください。

アナタはもう、あの感情的な親や先生から「卒業」していいのです。

また「怒り」は強いエネルギーなので、できる限り別のことで発散させるようにしましょう。たとえば、こんな方法です。

・カラオケなどで、とにかく大きな声を出す。
・ダッシュで走る。
・壊してもいいものを壊す（100均で買ってきた皿を割る、など）。
・会社ならトイレに入って、トイレットペーパーをグシャグシャにして流す。

モノを壊す行為に抵抗のある人は、ムリしてやる必要はないのですが、それ自体が「モノを粗末に扱ってはいけない」という、禁止の思い込みからきているのかもしれません。だからこそ、ブレークスルーするためにやってみる、というのもアリです。

07 「モンスタークレーマー」にゲンナリしてしまう

いつも難クセをつけてくるクレーマーのお客様がいます。大きなトラブルになることはないのですが、つまらないことで何度も謝罪させられ、時間と手間をとられて困っています。電話にこのお客様からの着信が入ると、ゲンナリしてしまいます。

ボクの友人にクレーム処理のプロがいるのですが、そんな彼が言っていました。いちばん大切なのは「共感」だそうです。

もちろん、こちらにも仕事の落ち度があるのでしょうが、過度のクレームを入れてくる人は、間違いなく【反抗タイプ】で「わかってほしい」人です。

その人は、明らかに立場が上であることを利用して、自分のことを「肯定してくれ、認めてくれ」と言っているのです。

その声は、お客さんが幼い日から積み上げてきた「だれもワタシのことをわかってくれない」「また、ひどいことされた！」という叫びです。

だから、まず最初にすべきことは「わかってあげること」、そして「よく話を聴いてあげること」です。

クレームの内容はヨコに置いておいて、その怒っている「気持ち」に共感する。

「ご不便をおかけして、申し訳ございません」「お怒りはごもっともです」と、不快な思いをさせてしまったことに対して、まずおわびをする。

心情を理解して「お困りですよね」と共感し、話を聴き、気持ちを静めてもらう。

そのあとは、問題の事実を確認し、解決策・代替案を提示する。最後はクレームへのおわびと感謝で締める、といった対応になるかと思います。

クレーム処理のプロの友人は「第一印象と、最初の3分が勝負だ！」と言っていましたが、そこまでの対応をするのは難しいでしょう。とはいえ、**「相手は自己否定からの【反抗】でつらい気持ちでいるんだな。じゃあ、共感し理解してみよう」という気持ちで接すれば、「受け止めてもらえた」と、相手の怒りは収まっていくでしょう。**

ひとりで戦っている気持ちにならないように、チーム内でお客さんへの対応を共有して、みんなで取り組むということも、大切になります。

友人にとって、この仕事は天職だそうです。【反抗】している人が、自己肯定感を取り戻していく姿がとても楽しいのだそう。スゴイなぁと思います。ボクにはムリ（笑）。

【悲観タイプ】のアナタへ

お客さんが怒っていることと、アナタの価値はまったく関係ありません。「アナタ個人」ではなく、「会社の人」という〝役割〟で対応する意識をもちましょう。自分が否定されていると思うと、どんどん【悲観】的になってしまいます。ほんとうにムリなら、病気になる前に上司に相談しましょう。

【反抗タイプ】のアナタへ

怒りには怒りで対応してしまうクセがありそうです。このお客さんへの対応を、紙に書いて何度もシミュレーションしておくといいでしょう。着信があったら、「よくやってる」「オマエならできる」と自分を応援し、自分自身の課題（ココロのクセ）を乗り越えるためにやっているのだ、という主体的な気持ちで接してみましょう。

覚えておきたいコトバ

5

「怒っている人は困っている人」です。
上司は自分の悲しさや寂しさといった気持ち、
部下に大きな声を出してしまうふがいなさなどを
わかってもらえず、困っているのです。

「仕事なので逃げ出すこともできない」というのは、
ただの思い込みです。
「ガッカリさせてもいいか」「だって、怖いんだもん」といった
コトバを口に出してみると、少し気持ちが緩みます。

最終章

「自分は無敵だったんだ」

01 思い込みはなぜできたのか

自己否定が生まれたところ

ネガティブな思い込みは、なぜできたのでしょう。

内閣府などの調査でも、日本人は諸外国と比べて自己肯定感がかなり低いといわれています。

それは他者と同じであることをよしとする風土や、「個」より「家」を重んじてきた歴史、ガマンを美徳とする文化など、いろいろ理由はあるのでしょう。

「思い込み」は各人それぞれに千差万別です。家が都会か田舎か、家庭の雰囲気、兄弟の有無、学校での生活など、さまざまな環境の中で「思い込み」は出来上がっていき、いつしかそれは自分の「アタリマエ」になっていきます。

これまで、人生がつらく苦しかったのは、その「ネガティブな思い込み」で自らを厳しく縛りつけ、否定してきてしまったからです。

また、自分の思い込みに反する人を否定し、裁くとともに、周囲からも裁かれているとカンチガイし、おびえ、戦ってきたことが「会社に行きたくない」という人間関係に反映されていたのです。

では、再び問います。なぜ、この思い込みはできたのでしょうか？


それは、「親に愛されたかったから」です。


「甘えてはいけない」「人より劣ってはダメだ」「もっとしっかりすべき」「口応えしてはダメだ」「だれも信じられない」「もっともっと期待に応えねば」、自分がそんな思い込みをつくったのは、そうすることでお母さんやお父さんに笑顔になってほしかったし、喜んでほしかったから。

いつも不機嫌な母親、厳格な父親に、「ボク、もっともっとがんばるから、褒めてよ、笑ってよ」。

たとえ優しい母親であっても、家が貧しかったり、父親や祖母ともめていたりして、「ワタシ、お母さんに迷惑かけないようにするよ。なんでも自分でするし、弟たちの面倒も見るよ」。

学校でイジメられたけれど、「親に心配かけられない」「だから自分がガマンしよう」。勉強ができたときだけはお母さんが喜んでくれる。大好きなお絵かきよりも「もっともっと勉強をがんばろう」。

その思い込みが達成できなければ、「ワタシはダメだ……」。

その思い込みが達成できても、「もっとだ、もっとだ……」。

【悲観】してしまったのは、がんばってもできなかったから、

【反抗】してしまったのは、がんばっても認めてもらえなかったから。

アナタを否定してきたココロのクセは、そうやってつくられてきたもの。

だからアナタの自己否定は、ほんとうは、**愛されたい、喜ばせたいという、アナタの「優しさ」や「愛」から生まれたのです。**

過去の罪
と思ってしまったもの
勉強ができなかった罪
ゴハンを残しちゃった罪
人を傷つけた罪
病気だった罪
期待に応えられなかった罪
ほんとうは
親を喜ばせたいという
優しさ・愛から生まれた

ワタシもアイツも悪くなかった

肯定してもらえなかったと思い込んでしまった自分。

でも親自身も、自分の親に否定され、【反抗】し【悲観】し、そんななかで、必死にアナタを育ててきたのかもしれません。

お母さんは、子どもが自分と同じ失敗をすると、子どもに過去の自分を見てしまい、「否定されちゃう！　このままではいけない！」と思ってしまったのかもしれません。不安で怖くて、ココロがザワザワしてしまい、心配で手も口も出してしまったのかもしれません。


「だから言ったじゃない！　なんでわからないの⁉」

「何度も注意したでしょ！　どうしてできないの⁉」


ああ、これはお母さんが、お父さんが、小さいころの自分に言っていたんだ。

ボクが、ワタシが、悪い子、ダメな子だったわけじゃなかったんだ……。

そう、だれも悪くないのです。

そしてお母さんもお父さんも、そしてそのまたお母さんもお父さんも、ずっとずーっと、自分で自分をつらい思い込みで縛り、自己否定をしてきたのです。

あの上司も、あの部下も、あのお客も、みんなみんな自己否定をしてきただけで、「敵」ではなかったのです。

だから、もう自分を否定するのはアナタで終わりにしましょう。

「子どもだったもん、仕方なかったよね」
「ワタシ、ダメじゃなかったんだ」
「だってワタシの問題じゃない」
「ワタシに罪はない」
「ワタシはワタシを許します」

ここから自己否定の連鎖は終わり、みんなが自分を肯定していける世界が広がっていきます。

自分のココロの声を聴こう

自分を縛る思い込みができたとき、アナタは固く誓ったのです。
お母さんにお父さんに、そしてみんなに愛してもらうために、自分を守るために。

「もう、こんなことをしちゃいけないんだ」
「もっと強くなるんだ、がんばるんだ」
「絶対に弱音を吐かない」
「もうだれも信じない」

でもほんとうは、もっと甘えたかった。イヤだって言いたかった。できないよって言いたかった。助けてって言いたかった。
幼いアナタはその感情を封印し、一生懸命歯を食いしばり「こうでなきゃ愛されない」「こんな自分ではダメだ」「もっとこうあるべきだ」と思い込んだのです。

その思い込みやルールは、幼い日のアナタには必要だったもの。
でも、この本を手にとったアナタは、もうそこから「卒業」するころです。

思い込みを使って、アナタのココロは、ほんとうはなにを伝えたがっているのでしょうか？ その思い込みができたときに、ガマンし、凍結させてしまった感情はなんでしょうか？ 言えなかった思い、言えなかったコトバを言ってみましょう。
固く凍りついたそのココロ、もう溶かしてあげていいんです。

だってアナタは「愛の人」だから。

過去の自分を癒やし、思い込みを手放すワーク

① 椅子に自然な姿勢で座ります。
・目を閉じ、胸に手を当て、大きく3回深呼吸。
② 小さいころの出来事をイメージします。
・小さいころの自分になって、思い込みをつくった当時の出来事を想像してみます。

・出来事が特定できない場合は、小さいころの自分の目の前に、お母さん（お父さん）が立っているようすを想像します。

③

そのときの自分の感情を、じっくりと味わいます。

・周囲はどんなようすですか？

・お母さん（お父さん）はなにをしていますか？

・アナタはどんな気持ちがしていますか？

④

その場面でお母さん（お父さん）に言いたかったコトバを、口に出して言ってみます。

・左ページの「Ⓐ言いたかったコトバ」を参照。

・コトバが思い浮かばなかったら、ただ順番に読み上げてみるだけでもOK。

⑤

小さな自分をじっくり観察します。

・どんなようすですか？　どんな顔をしていますか？

⑥

その子に言ってあげたいコトバを、口に出して言ってみます。

・左ページの「Ⓑかけてもらいたかったコトバ」を参照。

・コトバが思い浮かばなかったら、ただ順番に読み上げてみるだけでもOK。

⑦

今の感情をゆっくり、じっくり、満たされるまで味わってみます。

A お母さん(お父さん)に言いたかったコトバ

- お母さんなんて大嫌い
- わかってよ
- 話を聴いて、こっち向いてよ
- ひとりにしないで
- 一緒にいてよ
- 怖かったよ、寂しかったよ
- ボクにだってできるよ
- イヤだよ、できないよ
- もうやめて、もう許して
- ワタシのせいじゃないよ
- 信じてよ、誤解しないで
- ワタシ、がんばってるよ
- ねえ、助けてよ
- ずるいよ、ごまかさないで
- ごめんなさい
- ボクだって甘えたい
- ワタシにもちょうだい
- もっと褒めてよ
- いい子だねって言って
- ギュッとして
- ねえ、笑って
- お願い、ケンカしないで

B 小さな自分がかけてもらいたかったコトバ

- よくがんばったね
- 偉かったね
- 怖かったね
- 悲しかったね
- 寂しかったね
- 不安だったね
- ムカついたよね
- つらかったね
- 泣いてもいいよ
- 怒ってもいいよ
- 怖くていいよ
- 甘えていいよ
- ムリしなくていいよ
- 一緒にやろう
- できなくてもいいよ
- もう大丈夫だよ
- いつも一緒だよ
- そばにいるからね
- ずっと味方だよ
- アナタは悪くないよ
- ごめんね
- そのとおりだね
- うれしいね
- 楽しいね
- 大好きだよ
- かわいいね
- 助かったよ
- ありがとう
- オマエがいちばんだよ
- ワタシの大切な子

02

「無敵」になる

幸せとの「入れ替え戦」をしよう

以前、苦しみから目覚めた友人が言っていました。

「自分の考えていたことの9割が自己否定だったと気づいたとき、衝撃だった」

「ココロが暇になり、逆に落ち着かない」

自己否定や他者否定、そこからくる不安、心配、比較、嫉妬などから解放されてくると、戦いからも解放され、ココロが暇になっていきます。日常的にボーッとする瞬間がやってきます。

でも最初は慣れていないので、その状態を居心地がよくないと感じることもあります。「自分だけラクしていいいんだろうか？」「自分ももっとがんばらねば、ガマンせねば」といった気持ちになり、再び罪悪感や劣等感まで出てきたりします。

でも、それはただの「幻想」です。

これから取り組んでいくことは、思い込みから脱したココロのスキマに、アナタが幸せや心地よさを感じられる、新しい価値観、新しい人間関係、そして新しい仕事、新しい時間やお金の使い方などを入れて、古くなり窮屈になった思い込みとの「入れ替え戦」をすることです。

入れ替え戦の際には、一時的に痛みをともなうこともあるかもしれません。なにを入れ替えたらいいのか、自分はほんとうはなにを望んでいるのか、人間関係で何度も失敗しなければわからないこともたくさんあります。

そんな、**うまくいかないことに出会ったときこそ、「それでいいよ」「不安でいいよ」「よくやってるよ」と自分に寄り添い、「肯定」しながら進んでいくのです。**

焦らないでゆっくり行きましょう。

アナタの自己肯定感を育てる旅は、まだまだ始まったばかりです。

会社なんて行っても行かなくてもいい

これまで会社に行きたくないのは、すぐ怒る上司や、仕事の邪魔をする同僚、言うことを聞かない部下、そんな「敵」たちのせいだと思っていたかもしれません。

でも、原因は外側にはありませんでした。

自分を否定したり、イジメたりすることをやめれば、自然と「敵」らしき人は消えていき、会社に行きたくなってくることでしょう。

価値ある愛されるアナタなのですから、もっと自分を大切に扱ってください。

思い込みに操られていた人生を、これから自分に取り戻していってください。自己肯定感を育てていくことができれば、今の会社でも、新しい会社でも、また会社を辞めてしまっても、楽しく安心して働け、いつでも仲間とつながれる人になれます。

アナタの人生はアナタしだい。

そして、会社に行くも行かないもアナタしだいです。

自己否定でしんどい思いをしてきたみなさんが、自分自身と仲直りして、

「ワタシ、よくやってきたな」

「自分ってステキだな」

「自分ＯＫ！」

「働くって楽しい！」

と、笑える日がくることを祈っています。

いや、かならずきますよ！　ボクがいつでも応援しています。

覚えておきたいコトバ

6

アナタの自己否定は、ほんとうは、
愛されたい、喜ばせたいという、
アナタの「優しさ」や「愛」から生まれたのです。

あの上司も、あの部下も、あのお客も、
みんなみんな自己否定をしてきただけで、
「敵」ではなかったのです。
だから、もう自分を否定するのは
アナタで終わりにしましょう。

あとがきにかえて

この本では「自己肯定感」の大切さをお話ししてきました。

ボクは正直、これ以外のよけいなものは、なにもいらないと思っています。

自分を肯定し受け入れたあとに、これ以外のものは勝手についてくるからです。

ほんとうの優しさも、愛も、豊かさも、そして笑いも、全部「自分を肯定する」ことから始まります。


自分を肯定するとは、ものすごく簡単に言うと、「ダメな自分でも、ま、いっかぁ～」ということです。

たとえできない自分でも、アホな自分でも、恥ずかしい自分でも、かっこ悪い自分でも、病気の自分でも、気が利かない自分でも、約束を守れない自分でも、親孝行できない自分でも、人を傷つけてしまう自分でも、すぐ泣いてしまう自分でも、アイツより劣っている自分でも、おもしろくなくて人気のない自分でも、能力のない自分でも、ビビリでヘタレな自分でも、すぐ怒鳴っちゃう自分でも――。

「まあ、そんな自分でもしょうがないよな」という、「前向きなあきらめ」です。

自己肯定や自己受容という話のなかで、よく「ありのままの自分でいいんだよ」という表現が使われます。

ところが、そもそも「ありのままの自分」がよくわからない人たちばかりなので、だいたいはまったく通じません。

「ありのままの自分」というとき、そこには「ダメじゃない、すばらしい部分」も含まれています。

でも、とりあえず悩んでいる人というのは自己否定をしている人たちばかりなので、まずボクのカウンセリングでは、「ダメな自分でも、ま、いっかぁ～」と言ってもらうところから始めています。

でもまあ、それが怖いんですよね。そこを認めるのには、勇気がいります。

「ダメでいいはずがない」と、フツーの思考回路なら思いますから。そう思わないのならば、そもそも「ダメ」とは感じない。

でも、よく考えてみてほしいのですが、「ダメ」にはそれを判断する、「基準」があるわけです。「価値観」と言ってもいい。

ただその「基準」は、もしかしたら、すぐ隣の会社では役に立たないかもしれない。転職先の企業では、まったく意味をなさないかもしれない。

そもそも、もう時代として古い考えなのかもしれないし、外国の人にはチンプンカンプンと言われることもあるでしょう。

しかもその「基準」は、アナタが大嫌いな、もしくは大好きなお母さんやお父さんが、その親の代から脈々と引き継いできた、ただの「○○家の基準」かもしれない。

そうであるなら、「ダメな自分を認める」ということは、その、ごく限られた狭い世界の「基準」から自由になり、それ以外の「あらゆる可能性を認める」ということになるのではないか。

小さな「価値観」の外にある「無限の選択肢を手に入れる」ということと、同じではないのか。

そう考えてみてほしいのです。

そうしたら「ダメな自分」、ちょっと認めてみたくなりませんか？

「ダメ」の中に、宝物がザックザク埋まっているかもしれない、そう思いませんか？

「ダメな自分でも、ま、いっかぁ～」と言ったとたん、「ダメ」がひっくり返って、「めっちゃスゴイ！　めっちゃ自由！　めっちゃ楽しい！」、そんな人になれるかもしれません。
だからそれ、「ダメ」ではないんですよ、きっと。絶対。

ボクの生活は、4年前に会社を辞めてから、劇的に変わりました。
でも今のボクは、以前のボクからすると、立派すぎるくらい「ダメ」人間です。

・なんの社会的信用もない
・会社にも行っていない
・貯金もない
・それなのに、好き勝手にお金を使う
・そのくせ、思いついたときしか働いていない
・ふらふらと映画ばかり見ている
・ラーメン屋めぐりばかりしている
・よく昼間から飲んだくれている
・そして、お昼寝が欠かせない
・目標らしき目標もない
・未来への見通しももっていない

なんということだ！　こうやって書いてみたら、「ダメ」どころか、立派な「クズ」ではないか！(笑)

でも、おかげさまで、毎日、笑って暮らせる人になりました。人を笑顔にできる仕事で食べていけるようにもなりました。

ちょっと前までは、周囲は「敵」だらけ。駅のホームに立つたびに「会社行きたくない……」「あと一歩前に出たら、ラクになれる」、そう考えていた自分が、です。

今、ほんとうにないものは「安定」くらいだと思います。でも、「安定」がないから「自由」なんですよね。

だから、「ダメ」なんて、しょせん、ただの「思い込み」なのです。

おいでませ、「ダメな自分」の世界へ。結局、ダメなんかにはならないですから。

別に、「だれもが会社辞めろ」と言っているわけではないのです。

ボクも、会社の中でダメな自分にOKを出してみて、「お、こりゃあ会社の外でもいけるな」と思って、たまたま辞めただけですから。

だからアナタも、今のまま、「ダメな自分でも、ま、いっかぁ〜」と声に出してみるだけで、無限の可能性を手に入れることができる。

そしてもし、今はまだそれを受け入れられないとしても、「もしかしてダメってステキなことかも」、そんなことだけでも覚えておいてくれたなら、きっとアナタの人生の役に立つと思うのです。

長々と書いてきましたが、ボクが伝えたいことはそれだけです。

この本が、魅力的ですばらしい「ほんとうの、ありのままのアナタ」にOKを出すための一助となりますように。

そして、アナタのこれからの人生が「無敵」でありますように。

最後までお読みいただき、ありがとうございました。

参考文献

『仕事が「ツライ」と思ったら読む本』(心屋仁之助著、WAVE出版)ほか、
心屋仁之助さんからいただいた、たくさんのコトバたち

『地球が天国になる話』(斎藤一人著、ロングセラーズ)ほか、
斎藤一人さんからいただいた、たくさんのコトバたち

『アドラー式働き方改革　仕事も家庭も充実させたいパパのための本』
(熊野英一著、小学館クリエイティブ)

『アドラー心理学教科書』(野田俊作監修、現代アドラー心理学研究会編、ヒューマン・ギルド出版部)

『あなたの「悩み」がみるみる消える24の方法』(棚田克彦著、大和出版)

『エリック・バーンの交流分析』(イアン・スチュアート著、日本交流分析学会訳、実業之日本社)

『感情を整えるアドラーの教え』(岩井俊憲著、大和書房)

『自己肯定感の教科書』(中島輝著、SBクリエイティブ)

『シンクロちゃん』(佐藤由美子著、しまだたかひろ作画、フォレスト出版)

『ナースのためのアドラー流勇気づけ医療コミュニケーション』(上谷実礼著、メディカ出版)

『人間関係 境界線の上手な引き方』(おのころ心平著、同文舘出版)

『0〜3歳のこれで安心 子育てハッピーアドバイス』(明橋大二著、1万年堂出版)

著者紹介

加藤隆行（かとう・たかゆき）

心理カウンセラー。1971年名古屋市生まれ。

重度のアトピーで病弱だったことから、劣等感が強く、コミュニケーションの苦手な子に育つ。福井大学大学院（博士前期課程）修了後、システムエンジニアとしてNTTに入社。「人より3倍がんばる」を信念に激務をこなし、昇進を重ねるも、30歳のとき体調が激烈に悪化し、休職。3度の休職と入退院を繰り返し、しだいに自身のココロと向き合うようになる。宗教、スピリチュアル、脳科学、心理学などに節操なく手を出し、42歳で初めて「人生は楽しく、すばらしいものである」と気づく。2015年に退職し、心理カウンセラーとして独立。心屋塾、アドラー心理学、認知行動療法、瞑想などを組み合わせた独自プログラムを開発し、カウンセリングやセミナーを行っている。愛称「かとちゃん」。

- 著者ブログ「ココロと友達」
  https://ameblo.jp/kussblue/
- 著者メールマガジン「自分自身と仲直りして優雅に生きる」
  https://www.reservestock.jp/subscribe/62235

ブックデザイン　小口翔平＋岩永香穂＋永井里実（tobufune）
イラスト　白井匠（白井図画室）
編集　酒井徹（小学館クリエイティブ）
校閲　井上智絵

「会社行きたくない」と泣いていた僕が無敵になった理由

人間関係のカギは、自己肯定感にあった

2019年9月18日　初版第1刷発行
2020年6月1日　初版第3刷発行

著者　加藤隆行
発行者　宗形康
発行所　株式会社小学館クリエイティブ
〒101-0051 東京都千代田区神田神保町2-14 SP神保町ビル
電話0120-70-3761(マーケティング部)
発売元　株式会社小学館
〒101-8001 東京都千代田区一ツ橋2-3-1
電話03-5281-3555(販売)
印刷・製本　中央精版印刷株式会社

 ISBN 978-4-7780-3547-1